学級経営 あそび図鑑

笑い声が広がる 温かい教室に

文・イラスト
佐橋慶彦

明治図書

まえがき

「思いっきり笑えるのって学校だけだよね」

笑い声に交じって聞こえてきた，ある子のつぶやきが耳に残りました。確かに，マンションが立ち並ぶ本校の学区には，みんなで遊べるような大きな公園はありません。また，その公園で遊んでいるのも一部の児童だけに限られています。中には週に５回も６回も習い事があって，そもそも友達と遊ぶ時間がないという子もいるようです。

これは，きっとこの地域に限ったことではありません。普段の生活の中でも，屈託のない子どもの笑い声を聞くことが無くなったように感じます。みんなと一緒に駆け回り，お腹を抱えて笑い合うような時間を経験していない子ども達がたくさんいるかもしれないのです。先日のニュース番組では，子ども達が姿を消した公園と，近隣住民への配慮として禁止されている事柄がたくさん書かれた看板が取り上げられていました。また，周囲に迷惑を掛けないようにとスマホを手渡され"お行儀よく"過ごしている子ども達も目に留まります。もしかしたら，この余裕が無くなった現代社会が，子ども達から思いっきり遊ぶ時間や屈託のない笑い声を奪ってしまったのかもしれません。

しかし，数々の教育者たちが遊びについて触れていることからも分かるように，子どもと遊びは，切っても切り離せないものです。自分の感情のコントロールの仕方や折り合いの付け方，他者との上手な付き合い方など，子ども達は遊びながらたくさんのことを学んでいきます。また，負けてばかりいる相手にさりげなく優しさをのぞかせたり，怪我をしてしまった子をみんなで心配したり，あるいは元気がない子の心の傷には触れないようにちょっとからかってみたりと，子ども達はあそびの中で「温かさ」を知っていきます。こうした生き生きとした関わりの中で，たくましい社会性や温かな配慮を学ぶことができる時間が，少しずつ失われていっているのです。

もちろん，多忙を極める先生方に「学校が失われていく公園の役割を保証していこうじゃないか」などとは，とても言えません。しかしまた，今の子ども達にその温かさをもたらせる場所はもう「学校」という場所しかないのではないか，とも思うのです。

　家庭でも一人で情報機器を使って遊んでいる子ども達に，学校でもまた個別の学びと，情報機器の活用が推し進められています。それらは効果的で多様な子ども達が集まる今の時代に適しているものなのですが，だからといってみんなで笑い合うような時間をないがしろにするわけにはいきません。むしろ，多様な価値観をもつ他者が集う場所だからこそ，一人一人違っている相手とでも一緒に笑い合えること，温かな空間を創り出せるということを伝えたい。そんなことを思います。

　これは決して真新しいことではありません。「学校」という場所では，昔からずっとみんなで笑い合う時間が大切にされてきました。「学級あそび」や「学級レク」と題された書籍がたくさん出され，多くの方の手に取られてきた背景には，そんな温かな時間を創り出したいという先生方の願いがあるのではないでしょうか。あそびの力は，今までも多くの学級で，人間関係の形成や雰囲気づくりに生かされてきたのです。

　子ども達の笑顔を絶やさないために。教室を温かな場所にするために。そして，先人たちが紡いできたこの学級あそびという文化を，今日の学級経営に生かしていけるようにするために。本書では学級あそびとその活用の仕方，具体的なエピソードを①学級開きで活用するあそび，②きまりごとを浸透させるあそび，③子どもとの関係を紡ぐあそび，④子ども同士の関わりを広げるあそび，⑤夢中を引き出すあそび，⑥子ども達が創り出すあそび，⑦非日常を生み出すあそびの7章に分けて考えていきたいと思います。子ども達の温かな笑い声が聞こえてくるような学級を創り出す一助となれば幸いです。

2024年12月

佐橋　慶彦

もくじ

まえがき……………………………………………………………… 3

本書で紹介するあそび一覧……………………………………… 10

第Ⅰ章

学級開きで活用するあそび

解　説01	大切な価値観を伝えるためにあそびを取り入れる …………… 12
解　説02	あそびで共通のイメージをつくり，
	その良さを言葉で共有していく ……………………………… 14
あそび01	みんなのことを考える大切さを伝える「拍手送り」………… 16
解　説03	温かな雰囲気になった理由を話し合い"合言葉"をつくる …… 18
あそび02	空気を温める行動の大切さを伝える
	「自己紹介」「連鎖自己紹介」………………………………… 20
あそび03	みんなで考えるメリットを伝える「ふやしりとり」………… 22
あそび04	他者に目を向ける価値を伝える「こじつけポーカー」……… 24
あそび05	他者への関心と「ワードパズル」…………………………… 26
あそび06	安心できる場所であることを示す「ワタシハー」………… 28
あそび07	みんなで考える大切さと協力する喜びを伝える「瞬間移動」… 30
あそび08	これからの関わりを後押しする「バースデーライン」……… 32
あそび09	みんなの視点を生かす「リアル間違い探し」……………… 33

5

第2章

きまりごとを浸透させるあそび

解 説04	守って当たり前のルールではなく， 守ると心地よいきまりごとを ……………………… 34
解 説05	自分だけの楽しさと，みんなで何かをする楽しさ ………………… 36
あそび10	心地よいきまりごとが自然に成立する「20の扉」 ………… 38
あそび11	教室の揺れを整える「キャッチ」 …………………… 40
あそび12	温かな雰囲気の中できまりごとを浸透させる 「整列タイムトライアル」………………………… 42
あそび13	聞く雰囲気を醸成する「なんだカード」 ………………… 44
あそび14	GIGA活用をばらばらな学びにしないための「描いてクイズ」… 46
あそび15	すきま時間を逃さない「マジョリティー」 ………………… 48
解 説06	共通理解を図る時間と，縛りのあるルールからの脱却 ………… 50
あそび16	心地よさを守れる学級でしか成立しない「ウルフ鬼」………… 52
あそび17	温かなきまりごとが生まれていく「サイコロスピーチ」………… 54
あそび18	回答共有の良さを生かす「茶・辛・飯」 ………………… 56
あそび19	聞く時間と相談する時間の切り替えを促す「カウント30」…… 57

第3章

子どもとの関係を紡ぐあそび

解 説07	横糸を紡ぐ"子ども達と遊ぶ時間" ………………………… 58
あそび20	色々な子ども達と遊ぶための「三人でホイ」………………… 60
あそび21	勝った負けたを楽しめる「パッとキャッチ」………………… 62
あそび22	時にはお山の大将に！「21ゲーム」…………………………… 64

6

あそび23	意地とプライドを賭けた心理戦「メンタリズムどっちだ」 …… 66
あそび24	ちょっとした会話の中でも遊べる「私の３択」 …… 68
解　説08	「遊べなくなった子ども達」が学級経営を困難に …… 70
解　説09	「複雑なスキル」を伝えるためにあそびに介入する …… 72
あそび25	承認欲求のような気持ちと「ふやし鬼」 …… 74
解　説10	「ふやし鬼」に込める教師の願い …… 76
解　説11	どんな子でも包摂されるあそびの世界 …… 78
あそび26	消しゴム一つですぐに対決できる「度胸試し」 …… 80
あそび27	毎日文字を見ている先生だからこそ正解できる「筆跡探偵」… 81

第４章

子ども同士の関わりを広げるあそび

解　説12	「同感」と「共感」のねじれが子ども達を苦しめる …… 82
解　説13	「消しピン」を媒介に広がる共感的関係 …… 84
あそび28	自然に会話が生まれる「棒消し」 …… 86
あそび29	グループワークの助走をつける「鉛筆サバイバル」 …… 88
あそび30	違っているけど面白いを学級全体で共有する「擬音 de ビンゴ」 …… 90
あそび31	雪解けを待つ「話咲きすごろく」 …… 92
解　説14	アイスブレイクに「ウッ」となる理由 …… 94
あそび32	目に見えないものをともに見つめる「涼しりとり」 …… 96
あそび33	少しずつでも意志を共有する時間をつくる「雑紙タワー」 …… 98
あそび34	同じ目標に向かって話し合う「神輿でワッショイ」 …… 100
あそび35	共感的な関わりの広がりが見える「へびへびじゃんけん」 …… 102
あそび36	二人そろえばいつでも白熱「積み三目」 …… 104
あそび37	誰が相手でも楽しめる「三方封じ」 …… 105

Contents

第 5 章

夢中を引き出すあそび

解　説15	あそびとその副産物 ……………………………………………………106
あそび38	子ども達が漢字を調べ出す「部首リレー」………………………108
あそび39	資料集を囲んだ輪ができる「人物クイズ」………………………110
あそび40	夢中になって地図帳をめくる「ワールドツアー」……………112
あそび41	子ども達が辞書を開いて遊びだす「言葉の達人クイズ」……114
あそび42	国語辞典の規則を生かした「辞書スナイパー」………………116
あそび43	計算のきまりが活用できるようになる「MAKE10」…………118
あそび44	食への関心が高まる「給食クイズ」………………………………120
あそび45	体と心を温める「ビブス鬼」………………………………………122
あそび46	思いっきり自分を解放できる「めくリアクション」………124
あそび47	習ったことをアウトプットできる「復習ビンゴ」……………126
あそび48	重さの感覚を楽しく身に付ける「目方でドン！」……………127

第 6 章

子ども達が創り出すあそび

解　説16	自治的な学級に近づくためにはどうすればいいか …………128
解　説17	イベントの計画を，自治への第一歩に ………………………130
解　説18	他者視点に立ったクイズの作り方………………………………132
あそび49	みんなで改善していった「シッティング風船バレー」………134
解　説19	学級のための提案を，みんなで協力して実現していく …136
あそび50	ルールの穴を思いやりで埋めた「競歩リレー」………………138
あそび51	細やかな設定が見事な「E・D・G（絵当て伝言ゲーム）」……140

あそび52	メンバーの"らしさ"が光った「GIGA宝探し」	142
あそび53	みんなを温かく照らす「巻き込み挨拶当てクイズ」	144
あそび54	宝さがしにもうひとアレンジ「ワードハンター」	146
あそび55	定番のあそびが自作カードでバージョンアップ「だるころ」	147

第7章

非日常を生み出すあそび

解説20	失われたフェスティバル文化とその代償	148
解説21	非日常を味わう紙ヒコーキ大会	150
あそび56	対等と団結をつくり出す「はちまきリレー」	152
あそび57	対等な場への工夫と「ちぎリンピック」	154
あそび58	恥ずかしさを超える「ジェスチャーバトル」	156
あそび59	勝っても負けても笑い合える時間をつくる「学年カップ」	158
あそび60	くだらなく見えることで競い合う「エプロンたたみ祭り」	160
解説22	お楽しみ会というフェスティバル文化	162
解説23	お楽しみ会を共創するために必要なこと	164
解説24	みんなで笑い合える時間をつくる	166
あそび61	豆まきはできなくてもこれならできる「節分ドッジ」	168
あそび62	相手がどんどん入れ替わる「サイコロババ抜き」	169
あそび63	それぞれに役割が生まれる「学級縁日」	170
あそび64	みんなで話し合ってルールを練り上げた「タグ陣」	171

あとがき 172

引用・参考文献 174

本書で紹介するあそび一覧

学級開きで活用するあそび

解説 01 大切な価値観を伝えるために あそびを取り入れる

Point »

生活経験や価値観がばらばらな子ども達に，言葉だけでは大切な価値観を伝えるのは難しいかもしれない。

学級開きとあそび

　学級あそびが最も多く行われるのはおそらく4月，学級開きの時期でしょう。4月を前に，レクリエーションの記事が教育記事のサイトで見られるようになったり，SNS上で様々なあそびが紹介されたりするのも，この時期に学級あそびを必要とする人がたくさんいるからではないでしょうか。

　では，どうして学級開きにあそびが取り入れられるのでしょうか。色々な理由が考えられますが，楽しい雰囲気をつくるため，新しい1年への期待をもたせるためといった，**子ども達を前向きな気持ちにさせたい**というのが一番の理由ではないかと思います。「ただでさえ緊張している子ども達になんとかして子ども達が楽しめるような時間をつくりたい」「大切な価値観を伝えながらも，この先生は楽しい先生なんだと思ってほしい」そんな思いで私も毎年，学級開きに行うあそびを調べていました。

言葉だけでイメージできるのか

　しかし「あそび」の価値は"楽しませること"だけではありません。むしろ学級開きで重要な**「大切な価値観」を伝える時にこそ**真価を発揮します。

　例えば「自分のことだけではなく，みんなのことを考えられるクラスにしたい」ということを学級開きで伝えたい時。真剣な顔で「わがままな行動をとってはみんなが嫌な気持ちになってしまうよね」「みんなのことを考えた方が気持ちが良いクラスになるよね」と子ども達に向けて語っても，全員が本当に納得できるとは限りません。その言葉に心から頷いてくれるのはみんなのことを考える良さをもともと知っていたり，家庭や習い事，昨年までの学級生活の中でそのような体験をしてきたりした子ども達です。

　しかし，生活経験や価値観がばらばらな子ども達が集まる現代の教室では，それがイメージできない子どももたくさんいます。一昔前ならば「普通はね」「みんながこうしているから」という一言で通じたことが，学級全体に伝わりづらくなっているのです。

学級開きで活用するあそび

解説 02 あそびで共通のイメージをつくり，その良さを言葉で共有していく

Point »

共同化→表出化→連結化→内面化というサイクルを意識しながら，子ども達に価値観を浸透させていく。

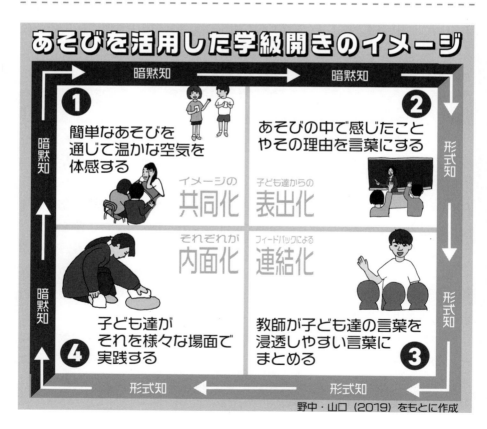

野中・山口（2019）をもとに作成

知識を裏付けるイメージがない

特に昨年度の学級がうまくまとまっていなかった子ども達は「みんなのことを考えても，結局自分が損をする」というような自分の安全確保を第一に考えるような発想や，「そんなことを言っても，いつも勝手な行動を取る人が出てきてしまう」といったあきらめの気持ちをもってしまっていることがあります。「自分のことだけではなく，みんなのことを考えられることが大切」という**知識を裏付けるイメージが欠落**しているのです。

価値観を浸透させていくサイクル

しかし「あそび」はそんな子ども達に共通のイメージをもたらします。あそびを通じて，みんなで何かを達成できたり，話し合ったり，笑い合ったりしているとなんとなく**「温かな感じ」**をともに味わうことができるからです。

しかし，この「温かな感じ」もそのままにしておくと，ぼんやりとしたイメージのままで終わってしまいます。そこで，今度はそのイメージを言葉に変える場を設け，言語化を促していきます。曖昧なイメージも言葉に変えることで，他の子ども達と共有し，他の場面でも生かすことができるようになります。

さらに，その表出された言葉を今度は整理していきます。体験の様子と子ども達から挙げられた言葉を結び付けて，できるだけ短い言葉に整理し，子ども達に返すことで，他の場面でも試してみることが可能になります。

そして，その価値観を子ども達がそれぞれの場面にあてはめ実践し，自分なりのやり方やその価値を実感することができれば，その価値観は子ども達の内面に根付いていくことになります。もちろん，この１日で価値観を浸透させることはできません。実践しはじめた子ども達に，みんなが目を向けるように働き掛け，それを言葉に変える場をつくり，教師や子ども達がそれらをつなげ，また真似してみる子が現れて…と，このサイクルを繰り返しながら価値感を浸透させていきます。

Recreation 学級開きで活用するあそび

あそび01 みんなのことを考える大切さを伝える 「拍手送り」

Point >>

ただあそびを行うだけではなく、みんなで一緒に改善策を考え、目標を設定することで、みんなで喜び合える時間を創り出す。

拍手送り

15～30分 ／ 準備なし

❶
座席順に手を叩いていき、最後の人が叩き終わるまでのタイムを計る。まずは順番を確認する。

❷
一度タイムを計ってみる。その後、みんなでもっと早くするための作戦を出し合い共有する。

❸
「向きはどうする？」「立つ？座る？」など、意見が出てこないときは視点をほのめかすとよい。

❹
みんなで目標タイムを設定し挑戦。目標を越えたら、みんなで大きな拍手をするように伝える。

定番の「拍手送り」

　例えば先ほどのように，みんなのことを考えることの大切さを伝えたい場合は**「拍手送り」**というあそびを取り入れ，イメージの共有を図っていきます。ルールはシンプルで，左図のように座席順に手を叩いていき，最後の人が叩き終わるまでのタイムを計測するといったものになります。

まとまった子ども達のもつ力

　「それでは○年△組，第1回拍手送りを始めます」と，まずは静まり返った場を少し盛り上げてからゲームをスタートします。しかし，はじめからうまくはいきません。おそらくどこかで詰まってしまうでしょう。この年も，1回目は17秒を超えてしまいました。

　そこで，次に「タイムを縮められるようにみんなで作戦を考えてみよう」と投げかけ，作戦タイムを設けます。「立った方がいいんじゃないのか」「もう手を準備しておいた方が」…そんなふうにたくさんの意見が挙げられたので，それらを整理し合意を図った上で2度目のチャレンジを行いました。今度は12秒。大きく縮まったタイムに歓声が上がります。

　ここでさらに「みんなで作戦を考えてタイムを縮めることができたね。他にも試してみたいことはある？」と追加のアイデアを募ります。大きな声で自分の意見を言おうとする子を落ち着かせ，小さな声にも耳を傾け，できる限りみんなが意見を言えるような対等な雰囲気をつくりながら話し合っていくうちに「自分の前の人と次の人が見えるような体の向きがいい」「次の人に送るように叩くといい」など具体的なアイデアが出てきました。

　最後に，目標タイムをみんなで設定します。子ども達が決めた目標は10秒以内でした。そこで「じゃあ10秒を切ったらみんなでそのまま大きな拍手をしよう」と提案し，再チャレンジ。見るからに1回目よりも拍手のスピードが速くなっています。結果は見事8秒96でした。大きな拍手が起こる中で，一つにまとまった子ども達の力を感じました。

17

学級開きで活用するあそび

解説 03 温かな雰囲気になった理由を話し合い"合言葉"をつくる

Point >>

共有した温かさがどうして起こるのかを言葉にし，それを教師がさらに抽象的に括り"合言葉"のようにすることで価値観の浸透を図る。

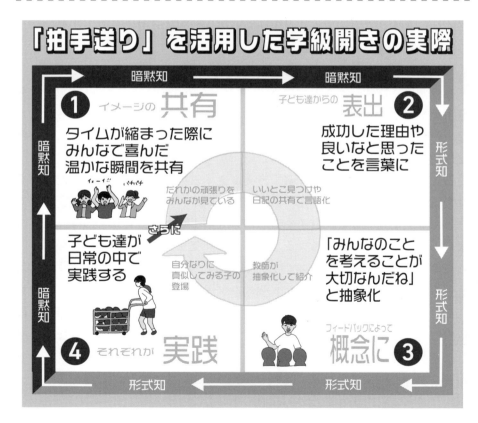

イメージの言語化を図る

しかし、このままではこの温かな雰囲気が"なんとなく"良かったことで終わってしまい、学級の文化として残っていきません。そこで拍手が鳴りやんだところで「みんなはどうしてタイムを縮めることができたんだと思う？」と問いかけ、この良いイメージの言語化を図ります。その方法が言葉になっていれば、他の場面に汎用することができるからです。喜びをともにした直後ですから「みんなでアイデアを出し合ったから」「みんながタイムを縮めようと思っていたから」などたくさんの前向きな意見が挙げられました。

合言葉をつくるように

そんな言葉を一つ一つ受け止めながら、最後に子ども達の心に残るようにできるだけ身近な言葉でまとめていきます。子ども達が出した具体的な言葉をできるだけ抽象的に括り"合言葉"をつくっていくイメージです。

どうすれば早くなるかなとアイデアを出したり、みんなでタイムを縮めたいと頑張ったり。そうやってみんなのことを考えてくれた人がたくさんいたからタイムが縮まったんだと思います。逆にこれが、自分は一生懸命やっているのに遅い人がいるとか、何回もやりたくないというように、自分のことだけを考えている人がいたらきっとうまくいっていません。

そして、子ども達がそれを自分なりに実践することができるように、普段の生活とつなげていきます。

こうやって"みんなのことを考えられる"ことができると今日みたいに嬉しくて、温かな時間がやってくるかもしれないですね。

もちろん、これだけで学級が大きく変わるわけではありません。しかし、実際にみんなのことを考えて行動しようとする子が何人か現れてくれるはずです。そんな姿をみんなで認め、言葉にし、価値づけ、また誰かが実践して…そんなふうに何周も何周も循環することで、クラスの文化や価値観は蓄積されていきます。大切なのは**その１周目をみんなで力強く回す**ことなのです。

学級開きで活用するあそび

あそび 02

空気を温める行動の大切さを伝える
「自己紹介」「連鎖自己紹介」

Point >>

自己紹介は単なる挨拶ではなく「この学級はみんなの，そしてあなたの話を温かく聞く学級なんだよ」ということを力強く示す大切な時間。

自己紹介一つをとっても

　こうして学級開きの時期には学級あそびをうまく取り入れながら，**大切に
したい価値を少しずつ浸透**させていきます。学級を開いて2日目。この日は
自己紹介を行いました。単なる自己紹介なので「あそび」とは言い難いので
すが，イメージの共有を図り，価値観を共創していく点では同じです。

　「今日は自己紹介をしたいと思います」——そんなふうに子ども達に伝え
ると「え～っ」という声が返ってきました。みんなの前で話すことに苦手感
が伴う子が多いようです。そこで子ども達に「ただ今日の自己紹介の主役は，
発表している人ではなくて，それを聞いている人達です。こうやって自己紹
介をするのが嫌だなと感じている人が，少しでも安心できるような聞き方を
してみてください」と伝えました。

知り合い同士でも行う自己紹介

　この日伝えたかったのは**「空気を温める行動」**と**「空気を冷やす行動」**が
あるということです。真剣に，そして優しくうなずきながら話を聞いてくれ
ると，安心して話せますが，うつむいて退屈そうにしていたり，何やらひそ
ひそ話されたりするとたちまち不安な気持ちになってしまいます。また，た
とえ子ども達が「笑って」いたとしても，冷ややかに笑われてしまってはた
ちまち不安になってしまいます。同じように，「頷く」「相槌を打つ」という
温かな行為も，ふざけて行うとその場を冷やす行動になってしまいます。

　また，持ち上がりの学級など既に子ども達が互いのことを知っている際に
は左頁の「連鎖自己紹介」がおすすめです。列ごとに「ぶどうが好きな〇〇
さんの後ろのりんごが好きな△△です」とつなげて自己紹介をしていくあそ
び要素を含んでおり，互いの名前を覚えきっていない時や，転校生が来てく
れた時などに最適です。自己紹介は単なる挨拶ではなく「この学級はみんな
の，そしてあなたの話を温かく聞く学級なんだよ」ということを，活動と言
葉を通じて力強く示す大切な時間です。

Recreation / 学級開きで活用するあそび

あそび 03 みんなで考えるメリットを伝える 「ふやしりとり」

Point »

少人数でチャレンジした時と，みんなでチャレンジした時の違いから，みんなで考え，意見を出し合うことの良さに気付けるようにする。

ふやしりとり　10〜30分　準備なし

❶
ルールは普通のしりとりと同じ。ただし文字数が順に増えていく。

❷
例：②りす→③すいか→④かまきり→⑤りんごあめ→⑥めいたんてい…

❸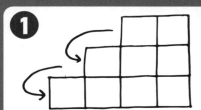
⑦いすとりゲーム
⑧むりょうたいすう
⑦うらしまたろう
⑥うんどうかい

8文字までいったら折り返す。
6，7，8，7，6，5…

❹
全員で協力し制限時間内にいくつ出せるかを記録しても面白い。浮かんだ人は挙手をして答えていく。

ふやしりとり

　学級を開いてから3日目。だいたい教科の学習が本格的に始まるころでしょうか。この学習が本格化するタイミングでは「みんなで考える」ことの大切さを伝えるために**「ふやしりとり」**という学級あそびを行いました。普通のしりとりと違うのは文字数の制限があることです。りす→すいか→かまきり…と文字数を増やしていき，8文字まで行ったら今度は8，7，6と文字数を減らしていきます。この折り返しの文字数や，濁音半濁音の付け外しなどのルールをアレンジすればどの学年でも行えます。

みんなで考えるメリットは

　まず，どこか1列を指名し，その列だけで行ってみます。浮かんだ人は挙手をして答え，それを先生が黒板に書いていきます。時間はだいたい3〜4分ほど。そして今度はこれを全員で行い，先ほどの記録と比較します。

　もしここでタイムが上がっていたら，子ども達に

> 少人数で考えた時よりもみんなで考えた時の方がたくさんの意見が出たね。数分のしりとりでもそうなんだから，授業の時はもっとです。みんなで意見を言えれば，それだけたくさんの考えを知ることができます。今だって心の中に答えが浮かんでいた人がいたかもしれないよね。

と問いかけ，みんなで考えることの良さを共有していきます。また，仮にタイムが上がっていなくても

> 少人数で考えた時よりも，みんなで考えた方がたくさんの意見が出るはずだよね。でもどうしてそうならなかったんだろう。きっと間違っていたらどうしよう，とか自分が言わなくても大丈夫じゃないかな，っていう心配な気持ちがあったんだと思います。まだまだクラスは始まったばかり。ここからみんなが意見を言えるようなクラスにしていけると素敵ですね。

と伝えれば，これからみんなで意見を出し合えるようにしていこうという意欲につなげることができます。

学級開きで活用するあそび

あそび 04
他者に目を向ける価値を伝える
「こじつけポーカー」

Point >>

「全員が座れたらクリア」という目標の中で，自分のグループ以外の子ども達にどれだけ目を向けているかに注目する。

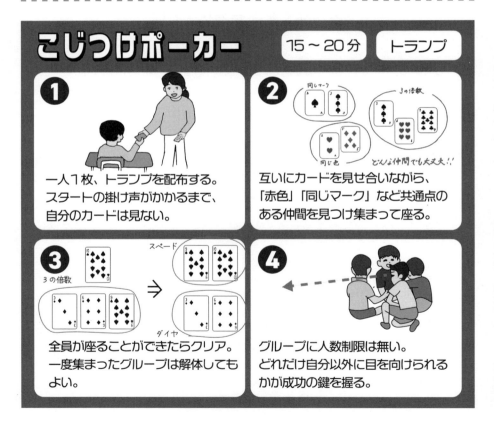

全員が座れたらクリア

　学級を開いてから数日は，こうしてあそびを取り入れてイメージの共有を図りながら，大切にしたいことを伝えていきます。もちろん一度だけではなく，繰り返し行うと効果的です。

　学級開きから２週間が経ったこの日は，**「こじつけポーカー」**というあそびを使って「みんなのことを考える大切さ」を確認しました。配布されたトランプを見ながら「赤の仲間」「同じマーク」など共通点のある仲間を見つけていくこのあそびは「猛獣狩り」などと同じグループメイキング系のあそびといえます。ただし，このあそびのポイントは全員が座れたらゲームクリアというところ。子ども達にも「このゲームのポイントは全員が座れたらクリアというところです。なので，一度できたグループを解散しても構いません」とそのことを強調して伝えておきます。

　一人１枚カードを配布したら，早速ゲームを開始します。子ども達はまず話しやすい相手の方へ向かっています。なんとか自分の仲良しの子のカードと自分のカードをこじつけて座っているグループもあるようです。もちろん，これは間違った行動ではありません。幅広く関わることが苦手な子が，こうしてなんとか座りたいという気持ちはとてもよく分かります。ただ，教室には対照的に色んな子に声をかけながらグループをつくっていく子もいます。

醍醐味は誰かが座り始めた後に

　２分ほど経ったところで，男子５人で集まったグループが「先生見て，俺達はクローバーの仲間だよ」と嬉しそうに報告に来ました。内側を向いて談笑し始めたグループもいます。しかし教室の片隅にはグループをつくれずに困っている児童が二人います。そのことに気が付いている何人かの子ども達は，こちらの表情を窺っています。この困った状況に先生がどう対処するのかを探っているのでしょう。その視線にこたえるように，にこやかな表情で待ち続けます。ここからがこのゲームの醍醐味だからです。

Recreation

学級開きで活用するあそび

あそび 05

他者への関心と
「ワードパズル」

Point >>

他者のことを考えた行動や，視線を取り上げて，教室の中にみんなのことを考える行動が増えるようにする。

ワードパズル

15〜30分 ／ 自作カード

① ひらがなを書いたカード（紙）を人数分用意する。「い」や「う」など母音を多めにしておくとよい。

② 一人1枚をカードを配布。席を立ち動きながら、仲間とカードの文字を伝え合う。

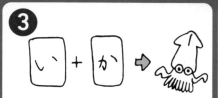

③ 「い」と「か」で「いか」のように言葉が完成するようグループをつくりその場に座る。

④ 全員が座ることができたらクリア。「す」「い」「か」のように完成したグループを崩してもよい。

立ち上がった4人

　しばらくすると，一早くグループをつくって座っていた女子二人組が相談を始め，すっと立ち上がりました。また，その様子を見ていた他の四人組も，顔を見合わせてすっと立ち上がっています。そして立ち上がった六人はそのまま，まだうまくグループがつくれていない子達の方へと向かい始めました。

　互いのカードを見せ合いながら，グループを再編成しているようです。中には残ってしまっていた子達を気遣って冗談を言っている子もいます。やがて3つのグループが再編成され，無事ゲームクリアとなりました。

子ども達はどこを見ていたのか

　歓声とともに，その様子を見ていた何人かの子達から拍手が起こります。おしゃべりに夢中になっていた子ども達も，ゲームが終わったことに気が付いたようです。

見事，クリアです。4月の初めから，こんなに早く達成できると思っていなかったのでびっくりしました。ところで先生はこのゲームの間，ずっとみんながどこを見ているか，視線の先を追っていました。

　ハッとするところがあったのでしょうか。教室の空気が少し変わります。

そうすると，自分が座れてホッとした後でも，まだうまくできていない人を心配そうに見ている人がいることに気が付きました。中には，その人達のために立ち上がってくれた人もいましたね。その人達のおかげでゲームをクリアすることができたんだと思います。これだけたくさんの人達がいると，きっとどこかで困っている人が出てきます。そんな時にも「みんなのことを考える」ことは大切になりますね。

　このあそびは学級開き期だけでなく，**人間関係が固定化してしまいそうな時**や，**グループ決めの前**などにも効果を発揮します。また，これをトランプではなくひらがなのカードを使って行う**「ワードパズル」**も同じように活用できるので左図に紹介しておきたいと思います。

学級開きで活用するあそび

あそび 06

安心できる場所であることを示す
「ワタシハー」

Point >>

ちょっとした恥ずかしさを乗り越えたことを取り上げることで，誰からも馬鹿にされない教室であることを強調することができる。

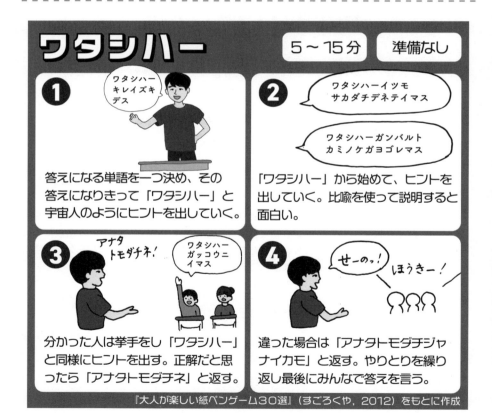

『大人が楽しい紙ペンゲーム30選』（すごろくや，2012）をもとに作成

挙手は必ずしも重要ではないが，無駄でもない

　本格的に授業が始まってから2週間が経ちました。ひたむきにノートを書き，話を真剣に聞いて。4月の教室に漂う前向きな雰囲気の中で子ども達は懸命に学習に取り組んでいます。

　しかし，気になるのは挙手の数です。答えが明確な算数や，教科書を調べて答えるような課題ではたくさんの手が挙がるのですが，自分の考えを述べるような時には，数人しか手が挙がりません。もちろん，全員が考えを持てるようにと挙手制ではない進め方をする時もあるのですが「意見を伝えたい」と手を挙げる場面も時には必要です。社会に出た時に「手を挙げたものが機会を獲得していく」という場面はたくさんあるからです。

安心できる教室だと強調する

　さて，こうした「みんなと違ったらどうしよう」という不安感が漂い，人とは違う意見が出辛い時には**「ワタシハー」**というあそびを行うようにしています。シンガーソングライターの谷山さんがツアー中に作ったと言われるゲームで「20の扉」(p.38)のように出題者の正体を当てていくあそびです。

　このあそびの特徴は「ワタシハー」と宇宙人のようにヒントを出していくところ。先生が突然宇宙人になり切って話し始めるので，子ども達も思わず笑ってしまいます。そしてまた，答えが分かった児童も「ワタシハー〇〇デス」とヒントを出さなければいけません。一見恥ずかしがりそうなのですが，ヒントを出してみたいという気持ちと，先生がふざけている特別な雰囲気の中で何人もの子が手を挙げてくれます。そんな様子を振り返り，

> もし，誰かが馬鹿にするかもしれない，って思ったら「ワタシハー」なんて恥ずかしくて言えないよね。この教室ならそんなことはないって思えたから，みんなあれだけ思い切ってふざけられたんでしょう。それに「ワタシハー」が言えるんだったら，手を挙げて間違えるのなんか全然恥ずかしくないよね（笑）。

と伝えれば，安心できる教室であることを強調することができるでしょう。

Recreation 学級開きで活用するあそび

あそび 07

みんなで考える大切さと協力する喜びを伝える
「瞬間移動」

Point >>

目の前にある達成したい課題が話し合いたいという必要感を生む。その結果課題を達成できたら、話し合って協力することの価値を感じられる。

最初の体育の授業で

　初めて体育館で行う体育の時間。子ども達はどんな活動をするのか楽しみにしている様子です。この時間には体ほぐしの運動も兼ねながら**「瞬間移動」**という運動あそびを用いて，これからの体育の授業で大切にしたいことを伝えることにしました。使用するのはよく体育館にある色付きの棒です。恥ずかしながら「体操棒」という名前がついていることを初めて知りました。もしこの体操棒がなければボールで代用し，バウンドさせて次の人がそれをキャッチというルールにしてもよいかもしれません。

必要感が話し合いを生む

　4列に並んだ時の列ごとにグループをつくり，5回連続成功を目指してもらいます。近付き過ぎても意味がないので，両手間隔に広がり，チャレンジをスタート。しかし，意外に難しいもので，初めは失敗が続きます。うまくいっても1回か，2回。連続5回はコツをつかんでいないと達成できない数字です。そこで，頃合いを見て，子ども達に尋ねてみます。

▶ 体育の時間では，これからもきっとこうしてうまくいかない時間があります。それ以外の時間でもそうだね。そんな時はどうすればいいだろう。

▶ そうだね，みんなであしてみたら，これはどう，って相談しながら試してみるのが大切です。色々やってみないと良い方法は見つからないね。さぁ，棒はまっすぐがよい？　どっちかに傾けた方がいい？　棒はどこに置けばいい？　反対の手は？　視線は？　みんなで考えてみてください。

　まだ関係ができていない子ども達も，必要感があればパッと話し合いを始めます。目の前の達成したい課題が自然と話し合いに向かわせるのでしょう。
　ちらほらと喜びの歓声が聞こえるようになったら，今度はみんなでコツを確認する時間をとります。**良いことはみんなで共有する**というのも伝えたい価値観の一つです。そして，最後にクラス全員で3回連続成功を目指してチャレンジ。成功すれば協力する喜びをみんなで味わうことができます。

学級開きで活用するあそび

あそび 08

これからの関わりを後押しする
「バースデーライン」

Point »

小さな勇気をもって声をかけ合うとみんなで協力できるということを実感させ，これからのコミュニケーションを後押しする。

バースデーライン　3〜10分　準備なし

① 決められた時間内に生年月日順に並ぶことができたらクリア。

② お互いに誕生日を確認しあわないと順番が分からない。正しく並べたと思ったら座る。

③ 先頭から誕生日を確認していく。見事，成功できていたらみんなで拍手をする。

④ 互いにコミュニケーションを取れたことを認めこれからの幅広い関わりにつなげる。

学級開きで活用するあそび

あそび 09 みんなの視点を生かす
「リアル間違い探し」

Point >>

一人では見つけきれない課題も，みんなの目で見れば解決できることを実感できるようにする。

リアル間違い探し　10～15分　準備なし

教室の中を1分間見つめ風景を覚え
その後、机に伏せる。

伏せている間に、先生は物を動かしたりして「間違い」をつくる。

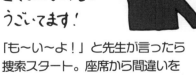

「も～い～よ！」と先生が言ったら捜索スタート。座席から間違いを探し、分かったら挙手をして答える。

変わった場所を全て答えることができたらクリア。「○年△組のみんな」の勝利です。

きまりごとを浸透させるあそび

解説 04 守って当たり前のルールではなく，守ると心地よいきまりごとを

Point >>

社会生活でも通用するような「きまりごと」を"こうした方が心地よくなる"からという信念体系のもとで習慣化していくことが大切。

ルール
規律

① 「守って当たり前」という考え方がハラスメントにつながりやすい。
② 学校生活という限られた枠の中でしか通用しない。
③ ルール破りが排除されたり罰による「脅しの論理」が生じたりするおそれがある。

社会生活でも生きる 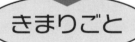 を合意のもと習慣化していく

こうした方が心地よい

こういう習慣や行動様式を身に着けると社会生活がしやすくなる

という信念体系のもと という視点で

計画的領域の指導　ルールで縛るのではなく「きまりごと」を大切にした方が学校や学級で快適にすごすことができるということを体感させる学級経営の考え方

白松（2017）をもとに作成

ルールという言葉のマイナスイメージ

「ルールという言葉を聞いて思い浮かぶことは？」

昔，そんな問い掛けから始める道徳の授業を考えたことがありました。「不自由」「縛るもの」「破ってはいけないもの」…子ども達からはそんな後ろ向きな言葉が返ってきます。その授業は続いて「でもみんなが暮らしている社会にルールがなかったらどうなる？」と問いかけ，その必要性に気付かせていくような展開だったのですが，今思えばそもそも**ルールに対して「不自由」「破ってはいけないもの」というマイナスイメージを与えてしまっていること**に問題があります。学校のルールや規則に，子ども達がどこか納得していないことが浮き彫りになっているエピソードでしょう。もしかしたら，ルールをきちんと守っている子ども達も，「守らなければいけないものだから」「後から様々な制裁を受けると嫌だから」という理由でそうしているだけなのかもしれません。

きまりごとと心地よさ

多くの研究で引用されている『学級経営の教科書』（白松，2017）の中で白松は，ルールや規律が示すものが学校生活に限定されていること，守って当たり前という考え方がハラスメントにつながりやすいことを問題視しています。そうではなく社会生活でも通用するような「きまりごと」を"こうした方が心地よくなる"からという信念体系のもとで習慣化してくことが大切であるというのです。

そのためには，一人一人が勝手な行動をしているよりも，みんなで決めたきまりごとを守って生活した方が心地よいんだということを，繰り返し子ども達に感じさせていかなければなりません。そこにあるのは，子ども達を無理やり学校という枠組みにあてはめるような力づくの指導ではなく，これからの社会を仲間と心地よく生活していけるようにするための**温かな指導**です。そして，あそびはその温かな指導の中で大きな役割を果たしてくれます。

きまりごとを浸透させるあそび

解説 05 自分だけの楽しさと，みんなで何かをする楽しさ

Point >>

「自分だけの楽しさ」を我慢することができれば，その先にある大きな「みんなで何かをする楽しさ」を味わうことができる。

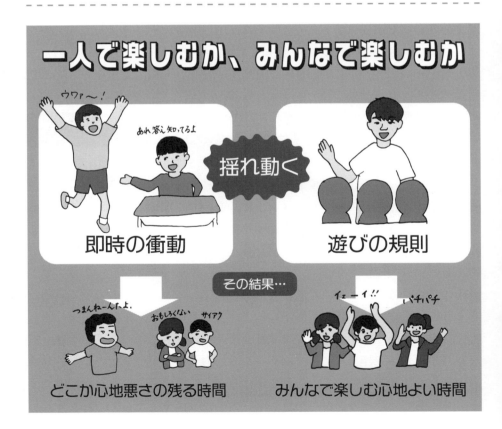

あそびの規則と即時の衝動の間で揺れる

　なぜならあそびは，**秩序を守ることによって面白さを得られるもの**だからです。あそびについての研究は多く，様々な考えが論じられていますが，中でもあそびと規則の関わりについて多く言及しているのがヴィゴツキーです。ヴィゴツキーは論文の中で「遊びは，子どもに対して即時の衝動に耐える形で行動することを絶えず求める」「子どもは遊びの規則と，もし自分が瞬時に行動するならどうするかの間の矛盾に直面し続ける」と述べています。

　この「遊びの規則」と，「即時の衝動」の間で子ども達が揺れ動く様子は，よく目にすることがあるのではないでしょうか。例えば，みんなで一緒に遊ぼうとしているのに，近くの子とのちょっかいのかけ合いに夢中になってしまったり，みんなで遊ぶ時間を少しでも長くとりたいのにふざけた発言ばかりをしてしまったり。即時の衝動が，秩序を上回ってしまうことによってあそびが台無しになってしまうことはたくさんあります。これは授業中でも同じで，せっかくみんなで夢中になれるような活動を準備しても，子ども達が即時の衝動をコントロールしてくれないと，その興味深い世界に向かうことができなくなってしまいます。

「自分だけの楽しさ」と「みんなで何かをする楽しさ」

　つまり，**あそびにはちょっとした自制が必要**になるわけです。しりとりのような簡単なあそびにしても，相手の順番に良い考えが浮かんでしまい，ついつい口に出したくなってしまったことがあるのではないでしょうか。

　しかし，この即時の衝動を，つまり「自分だけの楽しさ」を我慢しあそびの秩序を守ることができれば，その先にある大きな「みんなで何かをする楽しさ」を味わうことができるのです。こうして「自分の楽しさ」を少し我慢して「みんなで何かをする楽しさ」を味わうような経験を繰り返し「一人一人が勝手な行動をしているよりも，みんなで決めたきまりごとを守って生活した方が心地よい」ということを実感させようというわけです。

Recreation

きまりごとを浸透させるあそび

あそび 10

心地よいきまりごとが自然に成立する
「20の扉」

Point »

話を聞かなければうまくいかないあそびがリズムよく進められることによって、教室に心地よいきまりごとが取り戻されていく。

❶
出題者（はじめは先生がするとよい）がお題になる言葉を選ぶ。

❷
回答者は挙手をして、順番に質問をしながら答えを絞っていく。

❸
✗ どこにありますか？
○ 教室にありますか？

✗ 何色ですか？
○ 赤色ですか？

質問は必ず「YES／NO」で答えられる形式にしなければならない。

❹
質問の数が20を超える前に答えを当てることができたら回答者側の勝利となる。

即時の衝動であふれる連休明け

　連休明けの火曜日。子ども達の多くの子がぽやーっとした顔をしています。いつもだったら素早く授業に向かう子ども達が「いやだなぁ」という雰囲気の中でぼんやり過ごしている教室に，数人のおしゃべりが響いています。誰かと話がしたくて仕方がなかったのでしょうか。先ほどの例でいうならば，眠たい，やりたくない，おしゃべりがしたいという「即時の衝動」を抑えることができていないという状況です。これでは，どんな活動をしてもみんなで何かをする楽しさには到達することはできません。こんな時には，ビシッとスイッチをいれることも大切なのでしょうが，子ども達の「いやだなぁ」という気持ちを助長してしまうようで気が進みません。そこで，あそびの力を借りて，**心地よいきまりごとをゆるやかに取り戻していこう**と考えました。

みんなの楽しさを

　選んだのは**「20の扉」**というあそびです。60年以上も前のバラエティ番組が元になっているこのあそびは，仲間が質問した内容と，出題者の返答を注意して聞いていないと正解することができません。ゲームに集中していくうちに，仲間の声を真剣に聞くようになっていくのです。

　「20問以内に答えが分かったらみんなの勝ち，当てられなかったら先生の勝ちね」とつぶやくと，子ども達の目の色が変わります。「先生をやっつけたい」というエネルギーが，自然に子ども達を団結させるのでしょう。

　「それは教室にありますか？」「ありません」「それは生き物ですか？」「まぁ，そうですね」テンポよくあそびが進んでいきます。こちらの話や質問を聞き逃すと正解することはできないので，自然に教室が静まり返ります。しんと静まり返って，こちらの返答に盛り上がって，それを聞いてまた勢いよく挙手をして，その質問をよく聞くために静まり返って…そんなふうに教室に心地よいきまりごとが取り戻されていくのです。

きまりごとを浸透させるあそび

あそび 11

教室の揺れを整える
「キャッチ」

Point »

なんだか落ち着かないな，今日指導をしてもこれ以上は通らないな，そんなちょっとした揺れを軌道修正する時にもあそびは役立つ。

キャッチ　3〜10分　準備なし

❶ 二人ペアで行う。右手で輪をつくり、左手の人差し指を、相手がつくった輪の中に入れる。

❷ 「キャッチ」の掛け声で左手を相手にキャッチされないように抜く。また右手で相手の左手をキャッチする。

キャ…キャ…キャ…キャッチ！

❸ キャンプ、キャベツなどダミーを混ぜると盛り上がる。消しゴムを間に置きキャッチするルールでも実施できる。

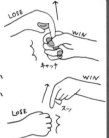

❹ 【ルールアレンジ】本や説明書を読みながら「"ぶ"と言ったらキャッチ」というように文字を合図にして行う。

その時です。何やら川の向こうから大きな桃が、どんぶらこ

ちょっとした揺れを整える時にも

　みんなが過ごしやすいようなきまりごとを言葉で確認したり，良い行動が増えていくようなシステムを創ったりすることももちろん大切です。しかし，それだけでは手が届かないような微妙な問題が教室ではたくさん生じます。

　例えば，子ども達がなぜだか少し落ち着きがない時間というのがあります。特に低学年を担任した時にはこのような時間に多く直面するでしょう。子ども達に前向きな気持ちがなくなってきてしまっていたり，学級の規律が大きく乱れてしまっていたりするのならば子ども達に話をする必要があるのですが，特に理由もないけどなんだか落ち着かないという日だってあります。また，今日指導をしてもこれ以上は通らないな，と感じる時だってあるでしょう。そんな**ちょっとした揺れを軌道修正する**時にもあそびは役立ちます。

盛り上がる中で，しんとする時間

　1年生を担任していた時のことです。毎日とてもよく頑張ってくれていたのですが，今日はなんだか落ち着きがなく，話をしていても少しざわざわしてしまう。そんな雨降りの月曜日でした。そこで行ったのは**「キャッチ」**という有名な手遊びです。先生の「キャッチ」という掛け声で指を抜く，あるいは捕まえるというこのあそびをすると，にぎやかだった教室が不思議と静まり返ります。中央に置いた消しゴムを先に取った方が勝ち，などと学級の状況によってはルールを変えてもよいかもしれません。

　「キャ・・キャ・キャキャ…キャベツ！」「キャ・・キャ・キャキャ…キャプテン！」などと間違えを混ぜながらひとしきり楽しんだ後でさらにもう一アレンジ。「今度は先生がこの本を読んでいくので“しゃ”といったらキャッチしてください」と言葉を指定した読み聞かせ版のキャッチを行っていきます。おしゃべりは一切なく，みんなの視線がこちらに集まってきています。いつでも始められて5分程度で終わる簡単なあそびですが，楽しい雰囲気と聞く雰囲気を同時に生み出すことができます。

第2章　きまりごとを浸透させるあそび

きまりごとを浸透させるあそび

あそび 12
温かな雰囲気の中できまりごとを浸透させる
「整列タイムトライアル」

Point >>

威厳や怖さに頼らずに、温かな雰囲気の中で「きまりごと」を浸透させていくこともできる。

整列タイムトライアル　5〜15分　ストップウォッチ

❶ はじめて整列をする時や、並び順が変わった時に行う。まずは2列と4列並びをみんなで確認。

❷ 子ども達が目をつむっている間に先生が場所を移動。「30秒」「20秒」など制限時間を言いサインを出す。

❸ サインに合わせた並び方で、先生に正対するように並ぶ。時間内に並ぶことができたらクリア。

❹ ✌ 2列　　教室　教室の座席順
　　 🖐 4列　　👆　集合写真順
　　 ✊ 先生の周りに集まって座る

「教室の並び順」「先生の周りに座る」「写真撮影」などうまくいったらバリエーションを増やすと面白い。

外から聞こえる笑い声

「きまりごと」の指導には，必ずしも威厳が必要なわけではありません。

本校は校舎が奥まったところにあり，運動場に面している教室がほとんどありません。そんな中で，今年度ははじめて運動場側の教室を担当することになりました。昼時の日差しと引き換えに得たのは，他の体育の授業の見学権です。まだ教員になって間もない頃に，こうしてちらっと見える窓の外の様子から体育の進め方を盗んでいたことを思い出しました。

学級開きから間もない４月のことです。外から聞こえる朗らかな笑い声に，思わず私は視線を送りました。どんなあそびを取り入れているのか気になったのです。

心地よさとともに浸透するきまりごと

体育をしていたのはベテランのミズノ先生（仮）。行っていたのは整列ゲームです。「そうそう，１回目はこれだよな」と同じ授業をしていたことを嬉しく思いました。ただ，それにしても子ども達が楽しそうにしているので，ついつい続きが気になってしまいます。

数分後，まだまだ続く笑い声に，我慢ができなくなって目をやると今度は２列縦隊をしています。久しぶりに見た２列縦隊。それでも子ども達はその難易度になんだか楽しそうです。遅れている子には「おそーい！」と檄がとびますが，そのにこやかな笑顔が子ども達を否定していないことを物語っています。温かな時間の中で，子ども達の行動がどんどん素早くなっていきます。みんなで一緒に行動する楽しさを体感していっているという感じです。

整列が必要か不必要かをここで語るつもりはありません。その指導が"当たり前のこと"として頭ごなしに進められることによって苦しむ子ども達を何度も目にしてきたからです。しかし同時に，それを**温かな雰囲気の中で，心地よいきまりごととして浸透させてきた先生**がいることを忘れてはいけないと思うのです。

きまりごとを浸透させるあそび

あそび 13
聞く雰囲気を醸成する
「なんだカード」

Point >>

聞く人があれだけ真剣に聞いていたから安心して話せたんだねと，聞くことの大切さを強調する。

なんだカード　5〜15分　自作カード

❶
「さくら」「じてんしゃ」のように色々な言葉の書かれたカードを用意し、山札をつくる。

❷
出題者を決める。出題者は山札からカードを引きお題を確認する。

❸
お題の言葉がみんなに伝わるように説明する。お題の言葉を直接言ってはいけない。

❹
正解したら、次の出題者へ交代。当てた人が出題者、順番に出題など学級の状態に応じて決める。

安心感を守る「聞く」

　教室の大切なきまりごとの一つに**「聞く」**ことがあります。先生の話を聞くことはもちろん，特に重要なのは仲間の話を「聞く」雰囲気が教室にあることです。授業中に手を挙げて意見を言ったり，前に立って発表をした時に誰かがおしゃべりをしたり，他のことをしたりして，自分の話が雑に聞かれてしまってはきっと「自分の話はみんなに聞いてもらえない」という実感を与えてしまい，安心感を損ねてしまうでしょう。

聞く雰囲気を醸成する「なんだカード」

　そんな聞く雰囲気を遊びながら醸成していってくれるのがこの**「なんだカード」**です。作成はとっても簡単で，厚紙に「りんご」などの言葉を書いておくのみです。代表の子が前に立って，その言葉が伝わるように説明をし，分かった子が挙手をして答えを言うといったものです。

　代表の子をじゃんけんで決定し，前に出てカードをめくると，教室が自然に静まり返ります。話を聞かないと答えが分からないからです。「ごはんといっしょに食べて…」「茶色くて…」「とうふとか…」ヒントが出そろうにつれて手が挙がっていきます。ヤマをはって適当に答えを言うようになると面白くないので，挙手は一枚のカードにつき一回まで。お手付きをするとチャンスを失うことになってしまいます。なお，早く挙げた人から指名されるのですが，そのジャッジは先生の目視のみです。「一生懸命見るけど，先生は人間だからミスは許してね。文句が出ると楽しくなくなってしまうし」と先に言っておくと，案外何も言われることはありません。

　ゲームが終わった後に「みんな，とても上手に説明していましたね。きっと聞く人があれだけ真剣に聞いていたから安心して話せたんだね」と，聞くことの大切さを強調しておくとよいでしょう。また，高学年では，カタカナなしで説明する「カタカナーシ」（幻冬舎）などの市販のカードゲームを使っても同様の効果が見込めるでしょう。

Recreation

きまりごとを浸透させるあそび

あそび 14

GIGA活用をばらばらな学びにしないための
「描いてクイズ」

Point >>

GIGAを活用した学びがばらばらなものにならないように。「みんなの意見に目を向ける」というきまりごとを浸透させていく。

描いてクイズ

15〜30分　タブレットPC

❶
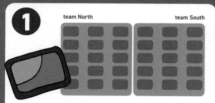
タブレットPCを活用。提出したものが一度に見れる画面があれば可能。教室を2チームに分け代表を決める。

❷

代表者に分からないようにしながらチームごとにお題を発表する。

❸
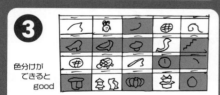
色分けができるとgood
お題の言葉が分かるようなイラストを書く。共同編集を生かすと、途中書きも分かって面白い。

❹

分かったら、挙手をして答えを発表。先にお題の言葉を正解したチームが勝利。

みんなで学習する感覚

　タブレット PC を使った学習が当たり前のように学級で行われるようになってきました。しかし，どれだけその光景が見慣れるようになってきても未だにタブレットの使用に抵抗を示している先生方がみえるのもまた事実です。もちろん時代の変化には対応していかなければいけないのでしょうが，この"抵抗"の理由にも少なからず共感している自分がいます。

　タブレット PC を活用すると，**「みんなで学習をしている雰囲気」が醸成されづらくなる**のです。例えば一見集中して作業をしているように見えても，他の画面を開いていたり，適当な絵を描いて遊んでしまっていたりする子を目にしたことが一度はあるのではないでしょうか。みんなが一つのことに注視している感覚を大切にされてきた先生方にとっては，この状態が気持ち悪く思えるのでしょう。

タブレットを使う時に浸透させておきたいこと

　そこでタブレット PC の使い方に慣れさせながら，学びがばらばらなものにならないように**「みんなの意見に目を向ける」というきまりごとを浸透させていく**あそびを取り入れます。まず，教室を２チームに分け，回答者を決めます。その後，回答者に伝わらないようにお題を発表。教室の北側チームのお題は「浦島太郎」，南側チームのお題は「シンデレラ」です。

　私の自治体では「ロイロノート・スクール」を使っているので，共有ノートの機能を使うと，途中書きの様子が把握できます。共同編集や，提出箱機能があるアプリであれば同様に遊ぶことができるでしょう。

　さて，子ども達の絵が出そろってきました。靴や亀だけが画面に並んでも，意外に正解は浮かびません。回答者は答えが昔話だとは思わないからです。それに気付いた一人がカボチャの絵を描いたところ勝負あり。見事，シンデレラチームが勝利しました。みんなの力がないと答えにたどり着けないというところがこのあそびの面白いところです。

47

Recreation

きまりごとを浸透させるあそび

あそび 15

すきま時間を逃さない
「マジョリティー」

Point >>

わずかに生まれた「すきま時間」を逃さず，意味のあるあそびを行うことで，少しずつきまりごとを浸透させていくことができる。

マジョリティー　15〜30分　全学年

❶

班対抗で行う。ホワイトボードがあるとよい。紙とペンでもOK。

❷

答えが割れそうなお題を出題する。
例：「か」からはじまる
　　夏っぽいものといえば？

❸
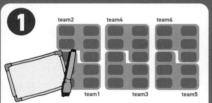
他の班も書いていそうな答えを記入する。書き終わったら、「せーの」の合図でボードをオープン。

❹
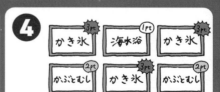
揃った班の数だけポイントが入る。数回繰り返し、一番ポイントが多いチームが優勝。

わずかに生まれるすきま時間を逃さない

　もちろん，日々の授業や，行事の準備などがあると，なかなかみんなで遊ぶ時間を取ることはできません。しかし，**わずかに生まれた「すきま時間」を逃さずに，きまりごとを守る心地よさが実感できるあそびを取り入れていく**と少しずつ即時の衝動をコントロールできるようになっていきます。

　五月晴れの金曜日。この日は，学級目標のテーマを決める予定だったのですが，焦って決めたくなかったため，ゆとりをもって話し合いの時間を設けていました。子ども達は想像以上に真剣に取り組み，残り20分となったところで話し合いが終了。「みんなで協力すること」と「全員に対等に優しくすること」がテーマに決まりました。なんだか良い学級目標になりそうだと予感できるような時間を過ごすことができました。

　さて，問題は残りの20分。ここで，新しい学習をはじめても，さすがに効果は望めません。また，学級目標のテーマをみんなで決めた今の雰囲気のまま今週を終わりたいという気持ちもありました。

わずかな時間でも意味をもたせる

　こういう時，子ども達はこちらを見ながら静かに待っています。おねだりは効かないということを知っているのでしょう（笑）。

　「今日は席替えをした新しいメンバーに自分から話しかけたり，早速助け合ったりしている人が多くてとても嬉しかったです。それから学級目標に向けて，良いテーマが決まりましたね。では，残り20分は班対抗のゲームをしようと思います」と切り出すと，子ども達から歓声が上がりました。

　もちろん，ただのごほうびではなく，意味のある時間にしなければなりません。そこで「班で相談するゲームなので，みんなで協力して，それから全員が対等に意見を言えるように工夫してみてください」と決まったばかりのテーマを生かしながら子ども達に伝えました。行うゲームは**「マジョリティー」**という，他の班と被りそうな多数派の答えを考えるあそびです。

49

きまりごとを浸透させるあそび

解説 06 共通理解を図る時間と、縛りのあるルールからの脱却

Point >>

共通理解を図る時間を取りながら、厳格なルールがなくても自分達で心地よさを大切にできるようにしていく。

マジョリティーお題集

- 「か」から始まる子どもに人気のメニューは？
- 「し」から始まる学校にあるものといえば？
- 2～10の数字の中で一番かっこいいのは？
- このクラスを色で例えると何色？
- 一番多い猫の名前といえば？
- 公園の遊具といえば？
- おにぎりの人気の具ランキング2位は？
- 「お」から始まるメニューといえば？

必ず質問はないかを尋ねる

例えば「"あ"から始まる色といえば」というお題に対して「青」と答えた班が4つあれば4ポイント。「赤」と答えた班が2つであれば2ポイントが入ります。説明後，質問はあるかと尋ねると「どことも答えがかぶっていなかったら1ポイントですか」「全班が揃ったらどうする？」という知的な質問が上がりました。実際の場面を想定しながら説明を聞いていたのでしょう。どっちが面白いかなと話しながら，被っていなければ「1ポイント」，「全部揃ったらみんなで喜ぶだけ」ということが決まりました。

こういった**共通理解を図っていく時間**はとても大切です。この時間を丁寧に取っていれば，休み時間や放課後にうまく遊べない時にも，自分達で話し合って修正するようになっていくからです。

ルールで縛らないことで

また，開始前にもう一つ。子ども達に「どうしたらこのゲームはつまらなくなる？」と尋ねました。実はこのあそびは，近くの班同士でこっそり答えを教え合うことでゲームが崩壊してしまうのです。「他の班と相談する」「大きな声で答えを言う」「盗み聞き」…考えようと思えば，いくらでもずるがしこい発想が出てきます。もちろん，席を離したり，筆談にしたりとルールを追加すれば不正を防ぐことはできるのですが，それはしたくありません。ルールで縛りすぎてしまうと，みんなが心地よく遊べるにはどうすればいいかということを，子ども達が考えなくなってしまうからです。

今回選んだのは「"か"から始まる子どもに人気のごはんといえば」というお題。面白いことに大体の子ども達は「カレー」ではなく「唐揚げ」と答えます。そんな中一つの班が「かしわもち」を選択しました。確かに「子どもの日」のお菓子ですから見事な答えなのですが，他チームと大きく差が開いてしまいます。しかし，班のみんなはその失敗を大笑い。心地よさを基準にすると，そんな失敗はどうでもよくなってしまうのでしょう。

Recreation

きまりごとを浸透させるあそび

あそび 16 心地よさを守れる学級でしか成立しない「ウルフ鬼」

Point »

脆いルールのあそびが成立するということは，心地よさを大切にできる学級だという証明になる。

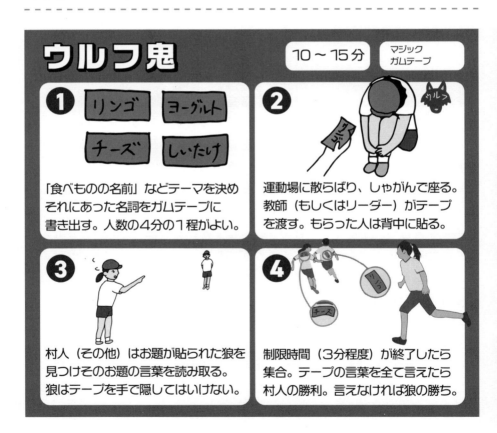

脆いルール

　心地よさを大切にできる学級では，細かなルールで縛らなくてもあそびが成立するようになってきます。例えば「伏せて待つ」というルール。あれほど脆いルールはありません。「ねえ○○目を開けないで！」「ちゃんと伏せてよ！」とどれだけ言っても，薄目を開けている子が一人はいるものです。しかし，薄目を開けたところで楽しいことなんて一つもなく，かえってその先の楽しさを失うことになってしまいます。ちょっと目立ちたい，いたずらしたい。そんな衝動がその場の心地よさを奪ってしまうのです。

　しかし，心地よさを大切にできる教室では真逆のことが起こります。以前ある子ども達がプレゼンソフトを使ったクイズを計画したことがありました。しかし，答えを書いたスライドがうまく準備できておらず，モニター上に答えが映し出されてしまいます。すると，子ども達は一斉に顔を机に伏せ始めたのです。「お願い，見せないで！」と笑いながら言っています。**どうすれば心地よいかという判断基準は，教室にたくさんの温かな行動を生んでいく**のです。

心地よさを守れる学級

　さて，この**「ウルフ鬼」**は，そんな「伏せて待つ」ことができないと成立しない脆いあそびです。接触ができずに困っていたコロナ禍に考案した鬼ごっこで，実は新聞やニュースでも取り上げられたこともあるのですが，その脆さゆえになかなか紹介することができずにいました。

　逆に，心地よさを大切にできる学級なんだということを強調する時にはこのあそびは役立ちます。このウルフ鬼をみんなでした後に

>「伏せてね」と言ってみんなにテープを張っている間に，誰かが見ていたらこのあそびはつまらなくなってしまうよね。でも，それをする人は一人もいませんでした。そんなクラスだからきっとこれだけ楽しめたんですよね。

と伝えれば，心地よさを守れる学級であることの証明をすることができます。

Recreation

きまりごとを浸透させるあそび

あそび 17

温かなきまりごとが生まれていく
「サイコロスピーチ」

Point >>

「心地よさ」を大切にできる学級には，温かなきまりごとがたくさん生まれていく。

サイコロスピーチ　5〜15分　サイコロ

①
- ⚀ 好きなものを選ぶ
- ⚃ 実は好きな場所
- ⚁ ニセ授業
- ⚄ 住むなら田舎？都会？
- ⚂ 私のBest給食
- ⚅ 好きな野菜ベスト3

スピーチに慣れてきたころに実施。サイコロの出た目でお題が決まる。振り直しは一度までアリ。

②
ニセ記者会見
私の3択クイズ
ニセ授業
最高の500円のつかい方
一人暮らしをしたら…
小さい頃の夢

ニセ○○などの意外なお題も人気。ただしそういうハードルが高いものは（※振り直しアリ）にしておく。

③
【人気お題①　ニセ面接】
先生が面接官になりニセ企業面接を行う。

④
【人気お題②　○○ベスト3】
野菜や給食、寿司ネタなどみんなが分かりやすいものがよい。

温かなきまりごと

みんなで聞いたり考えたりすると，みんなで笑うことができる。素早く切り替えると楽しい時間がたくさん生まれる。自分勝手な行動をしているとみんなの時間が台無しになってしまう。はじめは，ちょっとした自制が必要ですが，だんだんと「そうした方が心地よいから」という純粋な動機で，きまりごとを守ることができるようになっていきます。そして，「心地よさ」を大切にできる学級には，**温かなきまりごと**がたくさん生じていくのです。

くだらなさと温かさ

例えば毎朝のスピーチ。何周かして子ども達が安心してみんなの前で自分の話ができるようになってきたら，少しあそびの要素を取り入れて左図のような**「サイコロスピーチ」**をすることがあります。

人気なのは○○ベスト3。好きな野菜ベスト3，回転寿司で食べる最初の三皿のような，自分の好きなものをランキング形式で発表していくスピーチです。いつからか「第三位！」と誰かが言ったら，みんなで机を叩いてドラムロールをするのが学級のきまりごとに追加されました。誰かが手を上げたらそのドラムロールを止め，その手を下ろしたらバン，と机を大きく叩いて静かに発表を待っています。こんなきまりになんの同調圧力もないのですが，なぜかみんなが机を叩いています。そうした方が前の子が明るい雰囲気の中で発表することができるという共通の認識になっているのでしょう。

また，「実はシャンプーを短髪なのに内緒で3プッシュしています」のような小さな懺悔をする**「ニセ記者会見」**では，質問をする人が「○○新聞の△△ですが」というのがきまりごとになっています。きまりごとというか「お約束」といった方がいいかもしれません。温かな雰囲気で物事が進んでいく学級には，必ずといってよいほどこういうくだらない「お約束」があるように思えます。

きまりごとを浸透させるあそび

あそび 18

回答共有の良さを生かす
「茶・辛・飯」

Point »

「書いてクイズ」の別バージョン。周りの回答を見ながら自分の漢字を変え、いかに幅広いヒントを出せるかが勝負の分かれ目。

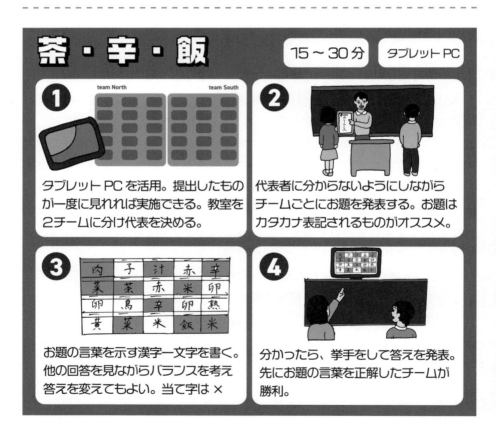

きまりごとを浸透させるあそび

あそび 19

聞く時間と相談する時間の切り替えを促す

「カウント30」

Point »

他班の発言を聞き漏らさないようにしながら仲間とも相談しなければ

ならないので、誰かが発言する際に素早く切り替えることが必要になる。

カウント30　thirty

5～15分　　準備なし

1

班対抗で行う。ミスが起こることが前提のあそびなので、誰かの失敗を責めないことをはじめに確認する。

2

じゃんけんで順番を設定し、班ごとに1～30の数字を1つずつ言う。10秒が目安だがそこはよしなに。

3

数字を1つ言えたら1ポイント。反対に、既に出された数字を言ってしまったら－1ポイント。パスあり。

4
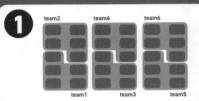

進行役の先生は、メモを取りながら行う。上手に分担しながら相談して答えを出せるかがポイント。

子どもとの関係を紡ぐあそび

解説
07 横糸を紡ぐ
"子ども達と遊ぶ時間"

Point >>

フラットな心の通い合いである横糸が縦糸と豊かに絡んでいることが学級に安定をもたらす。その方法として第一に子どもと遊ぶことがある。

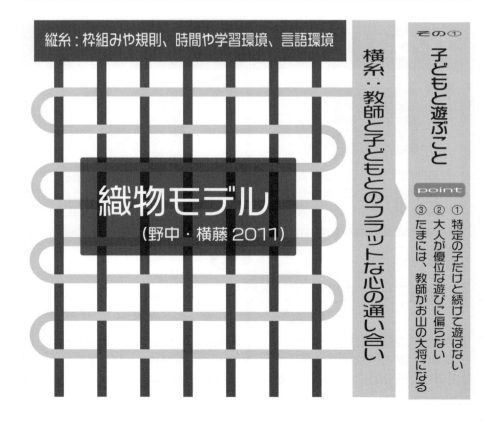

縦糸：枠組みや規則、時間や学習環境、言語環境

横糸：教師と子どもとのフラットな心の通い合い

織物モデル
（野中・横藤 2011）

その①
子どもと遊ぶこと

point
① 特定の子だけと続けて遊ばない
② 大人が優位な遊びに偏らない
③ たまには、教師がお山の大将になる

目の前にいるのは一人一人の子ども達

どれだけ実践を行ったとしても，またどれだけみんなで遊ぶ時間を取り入れても，子ども達一人一人との関係づくりをないがしろにしてしまっていては，学級経営がうまくいくことはありません。なぜなら，目の前にいるのは「学級」という一つのまとまりではなく，**一人一人の子ども達**だからです。良い関係が築けていない子どもに向けてどれだけ注意をしても効果はなく，関係がどんどん悪化してしまうだけでしょう。逆に大きな信頼を寄せている先生の言う言葉であれば，穏やかな口調であってもきっと心に届くはずです。

織物モデルと横糸の難しさ

こうした子ども達との関係づくりを考える際によく取り上げられるのが野中・横藤（2011）が提唱した**「織物モデル」**です。学級の枠組みや規則，時間や学習環境，言語環境などを整備する縦糸を張り，それに教師と子どもとのフラットな心の通い合いである横糸を豊かに絡ませていくことが学級の安定につながるというのです。教壇に立って数年は，いかに縦糸を張っていくかということが課題だったのですが，年数を重ねていくうちに段々と横糸を張ることに難しさを感じるようになりました。何をしなくても寄ってきてくれたはずの子ども達が，いつの間にか少なくなっていたのです。恐らく，ぬくっと立って真面目な顔をしているだけで，威圧的な雰囲気を出してしまうようになってしまったのでしょう。

横藤はそんな横糸を子ども達との間に紡ぐ方法として，**「子どもと遊ぶこと」**を第一に掲げています。遊ぶことによって，いつもと違う場，視点で子どもが見え，フラットな関係を結ぶことができるそうです。また，横藤は子どもと遊ぶ時のポイントとして①特定の子だけと遊んではいけない②大人が優位なあそびに偏らない③たまには教師が「お山の大将」になることを挙げています。そこで，この第3章ではまずこの3つのポイントに沿って，子どもとのフラットな関係をつくるあそびについて考えていきたいと思います。

Recreation

子どもとの関係を紡ぐあそび

あそび 20

色々な子ども達と遊ぶための
「三人でホイ」

Point >>

輪に入っていけない子や，その輪の中にただいるだけになってしまっている子とも遊ぶ時間を取る。

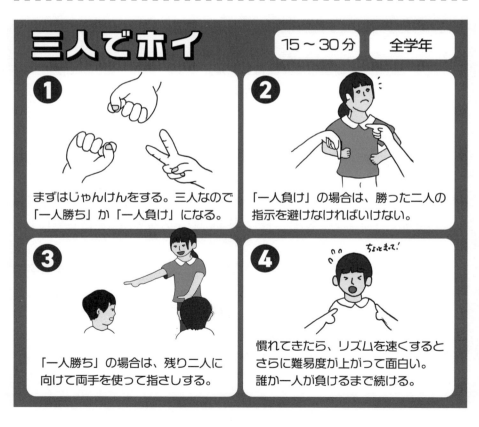

三人でホイ　15〜30分　全学年

❶ まずはじゃんけんをする。三人なので「一人勝ち」か「一人負け」になる。

❷ 「一人負け」の場合は、勝った二人の指示を避けなければいけない。

❸ 「一人勝ち」の場合は、残り二人に向けて両手を使って指さしする。

❹ 慣れてきたら、リズムを速くするとさらに難易度が上がって面白い。誰か一人が負けるまで続ける。

特定の子とだけ遊んでいないか

　1つ目のポイントは**「特定の子だけと遊ばない」**ということです。「子ど
もと遊ぶ」というとついつい外での鬼ごっこやドッジボールが頭に浮かびま
すが，学級の中には外遊びが好きではない子もいます。また，なかなかみん
なの輪にうまく入っていけない子ども達もたくさんいます。大切なのは，そ
ういった子達とも一緒に遊ぶ時間をつくっていくことです。

挨拶のように交わすあっち向いてホイ

　休み時間に書類を片付けていると，いつものように何人かの子ども達が話
をしにきました。何気ない話。くだらないちょっかい。私は，こんな他愛の
ない時間が大好きです。ついつい夢中になって話し込んでしまいます。

　しかし，ふと周りを見渡すとそんなふうに話している私達を"見に来てい
る"子ども達がいます。一緒になって笑っているのですが，自分から話すこ
とはありません。思えばまだ私と二人で話したことはないような気がします。
学級の他愛もない時間の中にはその子の姿があって，いつも一緒に笑ってい
るのですが，二人の間にはまだ横糸が紡がれていないのです。

　そこで，その子に向かって「最初はグー」のジェスチャーをしてみました。
なんとかして「ちょっかい」をかけたかったのです。あまりに唐突なちょっ
かいでしたが，その子は少し驚いた顔をしながら手を差し出してくれました。
そのままリズムを取って，じゃん・けん・ぽい。パーを出した私が勝ちまし
た。そこで，今度は人差し指をすっと出し「あっち向いてホイをしよう」と
ジェスチャーで伝えます。「あっち向いてほい，じゃんけんポイ…」。やりと
りを繰り返していくうちに少しずつ他愛もない時間が流れていきます。

　決着がつくのを待つや否や「先生，やろ！」と勝負を仕掛けてくる子が出
てきました。そこで，次はその子を混ぜて三方向であっち向いてホイをしま
す。終わったら今度は違う二人と。そしてまた違う二人と。そんなふうに，
ちょっとした手遊びをたくさんの子ども達と交わしていきます。

61

子どもとの関係を紡ぐあそび

あそび 21

勝った負けたを楽しめる
「パッとキャッチ」

Point >>

子ども達が一番好きなのは「真剣にやっていた先生が負けて悔しがっているところ」。

遊んであげる先生

　続いて２つ目は**「大人が優位なあそびに偏らないこと」**です。先生が子どもに負けることがある，ということが大切だそうです。ここに付け足したいのは先生が真剣でなくては意味がないということ。いくら大人が優位でなかったとしても子どもに「負けてあげて」いたり「遊んであげて」いたりしては，子ども達を興ざめさせてしまうからです。子ども達が一番大好きなのは「真剣だった先生が，負けて悔しがっているところ」です。なんとかして先生を悔しがらせたい。そんな時ほど子ども達は夢中になって遊びます。

遊んでくれる先生と大人げない先生

　例えば，雨の日の休み時間。時間がある時は子ども達がしているトランプに混ざるようにしているのですが，よく誘われるのは私が得意ではない「スピード」か「神経衰弱」です。先生に勝ちたい，とみんな思うのでしょう。

　しかし，それもあまり長くは続きません。必ず勝てるあそびよりも，勝てるか負けるかが分からない方が盛り上がるのです。そんな勝ったり，負けたりが何度も味わえるのが**「パッとキャッチ」**というあそびです。違った名前で耳にした方も多いはずですが，蔑称を含むのでこの名前で紹介しています。

　ただでさえ短い休み時間ですから，七並べや神経衰弱をしていると決着がつかないまま終わってしまいますが，この「パッとキャッチ」は１回１回の決着がすぐにつくので，休み時間でも何度も勝ち負けが楽しめます。

　熱戦を終え教卓に戻ると，何やら子ども達が議論をしていることに気が付きました。どうやら「先生は仕事なのに遊んでいてずるい派」と「遊んでくれているんだから感謝しろよ派」で言い争っているようです。「だってさ，見たさっきのトランプ？　ほんと大人げない。あれが遊んであげてるように見える？」容赦ない口撃に思わずみんな笑ってしまいます。さっきのトランプで負けたのがよほど悔しかったのでしょう。そんな様子を見るとまた「遊んでくれる」先生よりも「大人げない」先生でいたいと思ってしまうのです。

63

子どもとの関係を紡ぐあそび

Recreation

あそび
22

時にはお山の大将に！
「21ゲーム」

Point »

知識量や威厳ではなく，フラットに見えるあそびの世界でも活躍して

しまうことが子ども達を惹きつける。

21ゲーム

5〜15分　　紙と鉛筆

1

| | | | | | | | | | | | | | | | | | | | ㉑

図のように20本の棒と21の目印
を紙に書く。

2

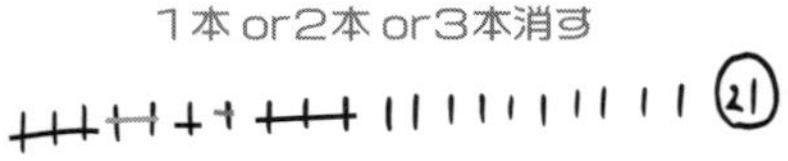

1本or2本or3本消す

╫╫╫ ╫ | | | | | | | | | | ㉑

棒を順番に消していく。一度に消す
ことができるのは3本まで。

3

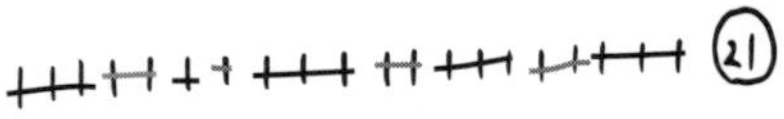

╫╫╫ ╫ ╫ ╫ ╫ ╫ ╫ ╫ ㉑

パスをすることはできない。最後の
21を消してしまった方が負け。

4

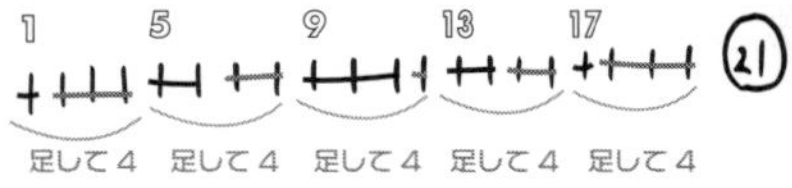

1　　5　　9　　13　　17
╫╫╫ ╫ ╫ ╫ ╫ ╫ ╫ ╫ ㉑
足して4 足して4 足して4 足して4 足して4

17，13，9，5，1を消させたら
あとは相手との合計が4になるように
消していけば勝ちが確定する。

たまには教師がお山の大将になる

そして３つ目は**「たまには教師がお山の大将になること」**です。時折「すごい部分」が覗くことが，また子ども達を惹きつけるのです。ポイントは子ども達が大好きな「あそびの世界」ですごい瞬間を見せること。勉強の知識や身体能力，威厳や恐さではなく，けん玉や，トランプといった対等なあそびの世界でも活躍してしまうことが，子ども達を惹きつけるように感じます。

21ゲームで一網打尽に

さて，その「お山の大将」になるのにうってつけのあそびがあります。名前は**「21ゲーム」**。21本の棒を順番に消していき，最後の一本を消してしまった方が負けになります。一度に消せるのは３本まででパスはできません。

ルールを紹介したら，まずは隣の子と勝負をしてもらいます。用意した自由帳や裏紙を見つめながら必死に作戦を考える子ども達。「絶対勝てる！」「分かった！」といった声が教室のあちこちから聞こえてきます。

勝負がついたら今度は席の前後で勝負をしてもらい，最後に「先生に挑戦したい人はいる？」とチャレンジを募ります。こんな時はたくさんの手が挙がりますから，公平にじゃんけんをして勝った一人と黒板で勝負をします。

「先攻後攻，どちらがいい？」と余裕な顔で，子どもに尋ねます。実は先攻を子どもが選んだ時点で私の勝利が確定するのです。21を取らせるようにするこのあそびでは，逆算すると17を取らせれば勝つことが決まります。またそこから逆算すると13を取らせれば，９を取らせれば，５を取らせれば…となり，最終的に１を取らせた時点で勝ちが決まってしまうのです。あとは，相手が１を選んだら３，２を選んだら２，３を選んだら１というように，１ターンの合計が４になるように消していくだけ。自分が先攻でも，５，９，13，17を踏ませるように覚えておけば十中八九勝つことができます。休み時間には打倒先生に燃える長蛇の列が。自主学習で仕組みを発見した子もいました。それだけこのあそびが子ども達の心に火をつけたのでしょう。

65

子どもとの関係を紡ぐあそび

あそび 23

意地とプライドを賭けた心理戦
「メンタリズムどっちだ」

Point >>

日々成長していく子ども達の心の成長に寄り添いながら。どこかで心が通い合うようなあそびができるようにする。

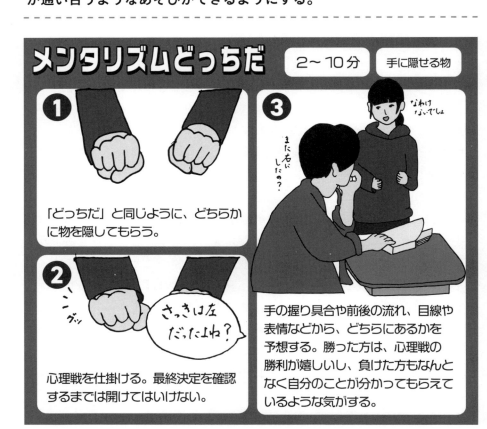

高学年が相手だとしても

　この３つのポイントが役立つのは低学年の児童に対してだけではありません。「なんで？」「だるい」「ムカつく」…そんな言葉ばかりを使うようになった高学年の児童にだって効果を発揮します。思い出すのは，一人の女子児童のことです。関わり方が難しく，距離を取りすぎても不適切な行動が増加してしまうし，近づくと今度は嫌がられてしまうし…と頭を抱えていました。

本気の「どっちだ」

　そんな彼女との関係づくりに役立ったのが**「どっちだ」**でした。小さな物を片方の手に持ち，どちらに持っているかを当てるあの定番の手遊びです。みなさんも小さい頃に，一度は遊んだことがあるのではないでしょうか。この小さい子向けのあそびが，奇しくも関係改善の糸口になったのです。

　次の算数が嫌だと愚痴を言いに来た彼女に「どっちにあるか分かる？」と勝負を仕掛けてみました。不機嫌そうな視線が右手に向けられます。これは見事正解。ふっと口元が緩んだように見えたので「じゃあ，今度は交代ね」と言って，見つけられた消しゴムを差し出します。本番はここからです。

　「なるほど，持ってないから左手をぐっと握ってるってこと？」真剣な表情で鎌をかけてみます。「そう聞いて右も握ったってことは，本当に右なんだ」続けざまに仕掛ける心理戦。「うざっ」と笑いをこらえたので，きっとこの予想は当たっています。担任として表情一つに気を配ってきた意地とプライドに賭けて「右！」と予想を伝えました。

　結果は見事的中。そのままなんと破竹の７連勝をすることができました。我ながらあっぱれです。まだ愚痴を言いに来てくれるうちに，そしてこんな関わりが成り立つうちに，心が通うあそびができたことはとてもありがたいことでした。もちろん彼女だけではなく，このあそびは色んな子ども達にも人気でした。きっと，心理戦に勝った時はもちろん，負けてもなんだか自分のことを分かってもらえる気がするところが良いのだと思います。

第３章　子どもとの関係を紡ぐあそび

67

子どもとの関係を紡ぐあそび

あそび 24

ちょっとした会話の中でも遊べる
「私の3択」

Point >>

少し余裕がある時や，ちょっとした会話の中で子ども達と遊ぶように関わっていくことを心掛ける。

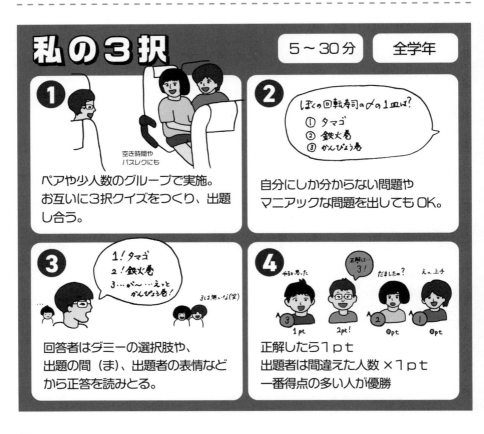

ちょっとした時間に

多忙な日々の中で，教室にいる一人一人の子ども達と遊ぶ時間を設けることは至難の業です。そのため，**少し余裕がある時や，ちょっとした会話の中で子ども達と遊ぶように関わっていくこと**を心掛けるようにしています。

修学旅行に行った時のことです。この年に広まった新型コロナの影響を受け，バスレクは禁止。距離をとって座っていても許されているのはマスク越しの小さな声で会話のみでした。行けるだけありがたいと思いながらも窓の外を静かに見つめている子ども達を見るとやはり複雑な気持ちがしました。

「先生，暇だよー」後ろの席のコウキ君が話しかけてきます。頷く斜め後ろのマチさん。そこで心理戦の要素を足したこの３択クイズを提案しました。

勝負を決める心理戦

まずはマチさんから。音楽に詳しいマチさんからは流行りの楽曲に，専門的な要素を絡めた問題が出題されます。また，宇宙博士と名高いコウキ君からは聞いたこともない星の名前が次々に繰り出されます。普通のクイズなら全く正解することはできません。しかし，この３択クイズはここからが勝負です。選択肢の系統性やダミーの作り方，その言い方や間の取り方から正答を予想するのです。わざとらしい演技を見抜いたり，またその裏をかいたり，問題そのものよりも，その背景の心理戦で勝負が決まります。

「この中で地球よりも表面温度が高い惑星はどこでしょう。１，火星！２………水星，３…金星」コウキ君からの渾身の１問です。火星はあからさま過ぎるし，水星の前の間が長すぎるなと，私は３を選択。面白いことにマチさんも金星を選んでいました。コウキ君は悔しそうな表情を浮かべます。

後日，ばったり会ったマチさんのお母さんから「修学旅行から帰ってきたマチに何が楽しかった？って聞いたら『全部楽しかったけど，バスのクイズかな』って言ってたんです」という話を聞きました。ちょっとしたあそびでも，それがふと子どもの心に残ることがあるようです。

子どもとの関係を紡ぐあそび

解説 08 「遊べなくなった子ども達」が学級経営を困難に

Point >>

みんなで遊ぶことができない子ども達が，一緒に協力したり，新しいものを創り出すことができるのだろうか。

「遊べなくなった」理由はどこに

相手の顔を見ずに遊ぶことが増加。また、ネット特有の攻撃的なコミュニケーションが浸透している。

子ども達が思いっきり遊べる場所が減少。「爆笑できるのって学校しかないよね」と言っていた子もいた。

一緒に遊んだり、会話をしたりする経験が減少。一人でスマホを一日中見続けている子も少なくない。

複雑で縛りの強いSNS上のコミュニケーションが増加。関わりの恐さを実感することも多い。

遊ぶのが下手になった子ども達

「タッチしたのにされてないって言われた」「思いっきり煽られた」学校生活で起こるもめごとの多くは、休み時間に起こっているものです。また、せっかくみんなで遊ぶ時間を設けたのに、逆に雰囲気が悪くなってしまったなんていう話を耳にすることも少なくありません。

子ども達は"みんなで遊ぶこと"が下手になってしまっているのです。公園に子どもの姿が見えなかったり、家族で過ごす時間にタブレット端末を使って動画を見ている子を目にしたり。そんな「みんなで遊ぶ子どもの喪失」を日常の場面から実感されている方も多いのではないでしょうか。石井（2024）は著書の冒頭で「遊び方を知らない子どもが増えた」「人と遊ぶのが苦手な子が増えた」という先生方の声を取り上げ、この状況を危惧しました。確かに普段聞こえてくる「ボイチャは楽だけど直接話すのは嫌なんだよね」「昨日〇〇が暴言はきまくって嫌だったから切断してやった」といった声からは、相手の顔色を見ながらやりとりをしたり、場の雰囲気に応じて自分の気持ちを我慢したりする様子が感じられません。

そして、この「遊べなくなってしまったこと」が毎日の学級経営を難しくしてしまっているのではないでしょうか。遊ぶことすらできない子ども達が一緒に協力して課題を達成したり、一緒に新しいものを創り出したりすることができるとは思えないのです。

失われた公園の役割

もちろん、多忙を極める先生がたに「学校が失われていく公園の役割を保証していこうじゃないか」などとは、とても言えません。しかし、それが現在の子ども達が抱えている大きな問題の一つであり、それが教室のトラブルを引き起こしている可能性があるのです。そうした状況を踏まえると、**一緒に遊ぶ中でその「遊べなくなってしまった」理由にアプローチしていくこと**が、実は教室の問題を解消するのに効果的であるとも考えられます。

子どもとの関係を紡ぐあそび

解説 09 「複雑なスキル」を伝えるためにあそびに介入する

Point >>

「みんなで遊ぶ」ためには複雑なスキルが必要。そして，それを学べるのはもう学校という場所しかないのかもしれない。

あそびの中で伝えたいこと

❶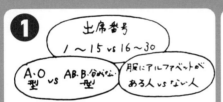

【意図なく対等なチーム分け】
○○と一緒などではなく、色んな相手とやった方が面白い。

❷

【誰しもにチャンスがあるルール】
男女の一番得意な子の力が大体均等になるように設定すると伝えている。

❸

【忖度や区分との決別】
うまい人に渡す、下手な人から奪うなどは断じて行わない。

❹

【本当のかっこ良さ】
投げていない人に渡す。近くの子や初めての子には優しく当てる etc.

遊べていないところに介入する

　ドッジボールを例に出して考えてみましょう。誘われて外に行くと，子ども達がまだ何もせずに待っていることがあります。線を自分で引いて準備をする発想がないのです。いつも先生がいない時はどうしているの？と尋ねると誰も引いてくれない時は，仕方なく線を引かずにできる「あてご」というドッジボールをしているといいます。当たってしまったら座る。味方の誰かが取ったら復活してもよいというルールは一応あるのですが，その判断はセルフジャッジ。外野もないのでずるずると後ろに下がっていってしまいます。結局そのあいまいなルールの中で子ども達はただがむしゃらにボールを投げ合い，力の強い者同士が残っていきます。よく見ると，チーム分けもドッジボールが強い子と，その子のお気に入りの数人 vs. その他大勢となっています。なんだか自分のお気に入りのメンバーで敵を倒していくテレビゲームのようです。これでは，ドッジボールをすればするほど子ども達の関係は悪化し，階層が色濃くなっていくばかりです。この子達が遊びながら自然に良い関係をつくっていけるようにしていきたい。そんな思いをもってこのドッジボールに**「介入」**していきます。

どこで遊び方を学べばいいのか

　まずは線を引くところから。「たくさんやりたかったらコートを引いておけばいいのに」とつぶやきながら一緒に靴の先で線を引いていきます。平等にチームを分けること。細かなジャッジよりも，みんなで楽しく遊ぶことを優先すること。誰でも楽しめて，苦手な子が上手な子を倒すような逆転現象もありえるようなルール。どんな子でも迎え入れ，辞めたい子はいつでも辞められるような雰囲気や，忖度や同調からの決別。伝えていくことはたくさんあります。それだけ**「みんなで遊ぶ」ということは複雑なスキル**なのです。そして「公園」から子どもが姿を消した今，これを伝えられるのはもう「学校」という場しかないのかもしれません。

子どもとの関係を紡ぐあそび

あそび 25

承認欲求のような気持ちと
「ふやし鬼」

Point >>

不適切な行動をしてしまっている子を本当に満たすのは，ただただその子を追いかけてあげることかもしれない。

追いかけっこ

　晴れた日は外で遊ぶのがマイルール。といってもするのはほとんど**ふやし鬼**です。１年生を担任した時も，６年生を担任した時も，毎日のように行っていました。結局全員が捕まってしまうこのあそびに勝ち負けを競うゲーム性はないのですが，そこにふやし鬼を続けている理由がある気がしています。

　国語でも取り扱われる「川とノリオ」（いぬい，1982）という作品があります。読んでいるだけで胸がつまるこの作品の中で，特に印象的なのが「追いかけっこ」のシーンです。川に入っていってしまうノリオと，それを捕まえてお尻におしおきをするかあちゃん。ノリオは「あったかいあの手」でおしおきされることを求めるかのように川の中に入っていくのですが，戦争がその追いかけっこを奪ってしまうのです。

　「もう知らない！」と口をとがらせている我が子も，追いかけてつかまえると，今度は少しはにかんで「もう知らない！」と言ってきます。いつもふざけているあの子も，自分の物がなくなってしまったフリをしていたあの子も，もしかしたら同じなのかもしれません。私はここにいるよ，ぼくはここだよ。そんなふうに大好きなお母さんに，大好きな（はずの）父親に，そして大好きな先生に見つけて，追いかけてほしいのです。

必ず見つかるふやし鬼

　鬼ごっこという極めて単純なあそびがもう千年以上楽しまれているのも，この承認欲求に似た気持ちを満たしてくれるからではないでしょうか。特に，だんだんと鬼が増えていく「ふやし鬼」では，悪いことをして目立たなくても，必ずみんなに見つけて，捕まえてもらえるのです。

　さて，迎えた長い休み時間。クラスの大半が外に出ています。２〜３分遅れるともう大ブーイング。普段は口数が少ないあの子も，笑顔で文句を言っています。頼むから，職員室まで迎えに来るのと，靴を揃えて置いておくのは辞めてくれと伝えました。

Explanation / 子どもとの関係を紡ぐあそび

解説 10 「ふやし鬼」に込める教師の願い

Point »

「リーダーシップを取る子にはこんな言葉を使ってほしい」「自分にも居場所があることを知ってほしい」そんな願いを行動に込める。

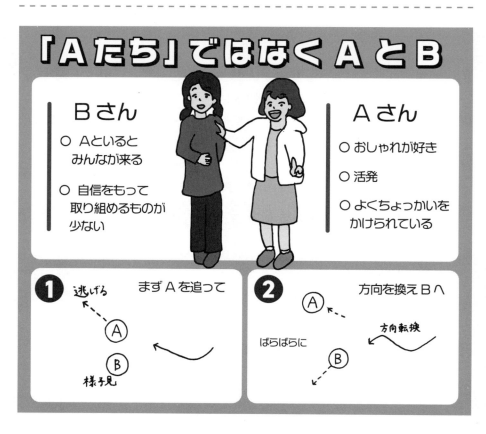

掛けた言葉が共通言語に

　校庭に出ると，ばらばらと人が集まってくるので「鬼がいい人ー？」と尋ねます。たくさん手が挙がった時は，右手を掲げて王様じゃんけん。以前は先生が先頭に立つのは良くないかなと思っていましたが，焦らなくてもそのうち誰かが仕切りだすことを知ってからは「いつかリーダーシップを取り出す人にはこんな言葉を使ってほしい」という願いを込めてその場を仕切るようになりました。「もうやりたい人いない？」「この前も鬼じゃなかった？」…ここで掛けた言葉が，このコミュニティの共通言語になっていくからです。

　スタートからおよそ１，２分が経ちました。しかし，なかなか鬼が増えていく様子がありません。どうやら走るのがあまり得意ではない子が鬼に決まってしまっていたようです。走るのは苦手なのに鬼に立候補したんだなと，なんだか嬉しく思いながら，それとなく鬼に近づき捕まってやります。周囲に悟られないように，なかなかの演技をしているはずなのですが，子ども達にはばれてしまっているようで，そのうち同じように助け舟を出す子が現れるようになります。広がっていくのは言葉だけではありません。

追いかけっこに願いを込めて

　さて，鬼になってあたりを見回すと，いつも一緒に過ごしているＡとＢが二人で立っているのを見つけました。勉強が得意でおしゃれが好きなＡと，得意なものがないことをコンプレックスに感じているＢ。一緒にいる彼女達のことを「Ａたち」と呼ぶ子もいます。私が２，３歩近づいたことに気付いたのか，Ａが「キャー」と満面の笑みで叫びました。それとは対照的にどこか笑顔が不安げに見えるＢ。自分ではなくＡが追いかけられると思っているのでしょうか。

　そこではじめにＡを追いかけてから，方向転換してＢを追います。そうすると二人がばらばらの方向に行くのです。「Ａたち」ではなく「Ｂ」を懸命に追って捕まえ，そして今度は二人でＡを追いかけます。

子どもとの関係を紡ぐあそび

解説 11 どんな子でも包摂される あそびの世界

Point »

なんだか元気がないあの子を追い，頭ごなしに叱ってしまったあの子を追い，そんな毎日が子ども達との関係を少しずつ紡いでいく。

「厄介者」も包摂するあそびの世界

問題が目立つCをじゃれ合うように追う。好きだよねと言ったDとEはいつもCの悪口を言っていた二人だった。

アピールにくるF。自分が追いかけてもらえるか不安なようなので何人か引き連れみんなで追いかける。

みんなに追われる前に簡単に捕まるとどこか不服そうにしていたG。それだけ楽しみにしていたのかもしれない。

"厄介者"を包摂する

　さて，ふやし鬼も中盤戦。続いて，今日も宿題を忘れてきたCを見つけました。教室の問題をあそびの世界に持ち込むのはナンセンスですが，手放しで許すのもなんだかなと思い「宿題はどうしたんだー！」と言いながら笑顔で追いかけることにしました（笑）。そんな様子をDとEが「先生はCのことなんやかんや大好きだよね」と笑っています。注意が集まりやすい子，避けられがちな子は，じゃれ合うように**「先生はそれでもあの子のことが好きなんだ」**と思ってもらえるように追いかけます。

　今度は隠れていたFが捕まえてほしそうに，わざわざ顔を見せに来ました。お望み通り，周りにいる子2，3人を引き連れてFを追いかけます。「今日は白い服を着てきたから目立っちゃったな」と捕まったFが嬉しそうに話していました。

豊かな追いかけっこを繰り返す

　そして最後はGと一騎打ちです。明日の筋肉痛のことは忘れて，真剣に追いかけます。壁を蹴ることも，教室で暴れることもなくなったGは，いつの間にか全力で追いかけても捕まらなくなっていました。そんなGをみんなが囲んで捕まえます。誰にも追いかけてもらえない彼のために始まったこの一騎打ちも，どうやら終わりが近いようです。昨年度，足が痛いと理由を付けて途中放棄した50m走では，学年1位のタイムが出ていました。書きながら，嘘みたいな話だなと思います。そりゃ毎日，あれだけ真剣に走っていれば少しは足も速くなるよな，とは思うのですが。

　予鈴が鳴って，教室に駆け戻り，汗を拭って，手うちわをして。そんな日々を繰り返します。なんだか元気がないあの子を追い，頭ごなしに叱ってしまったあの子を追い，そんな毎日が子ども達との関係を少しずつ紡いでいくのです。きっとこの先どれだけ学級経営を学んでも，この追いかけっこをやめる日はないだろうと思います。

子どもとの関係を紡ぐあそび

あそび 26

消しゴム一つですぐに対決できる
「度胸試し」

Point >>

消しゴム一つですぐに勝負が始められるので，ふとした時間に子ども達とのフラットな関係を紡ぐことができる。

子どもとの関係を紡ぐあそび

あそび 27

毎日文字を見ている先生だからこそ正解できる
「筆跡探偵」

Point »

勝ってももちろん嬉しいし，負けてもなんだか自分のことを分かってもらえる気がする。

筆跡探偵

2〜10分　紙と鉛筆

❶
複数人が一枚の紙に文字を書き、回答者がそれを見て誰がどの文字を書いたのかを当てるあそび。

❷
まず、出題者は相談してどの文字を書くかを決め、回答者に見られないように書く。

❸
日ごろ文字を見ている記憶を手掛かりに予測する。この章の目的に合わせるなら回答者は先生がするとよい。

❹
勝っても嬉しいし、負けても字だけで自分のものだと分かることがなんだか嬉しくなる。

子ども同士の関わりを広げるあそび

解説

12 「同感」と「共感」のねじれが子ども達を苦しめる

Point >>

「今の子ども達」が他者とうまく関われないのは，日本社会に根付いた関わりと求められる関わりのねじれが原因だとも考えられる。

同感的な関係 と 共感的な関係

概要

そうそう私もそんなふうに感じたことや思ったことがあると自分の思いや情感を相手に投影して理解する関係

相手の置かれている条件や相手の意図や目的を理解して、その人の思いを共にしようとする関係

生起

同調確認

共同注視

例

私たち、同じよね

この人はどうもこういうことを考えているのではないか

○○ができない人はダメ
△△じゃない人はダメ

こういうことを大事にしているのではないか

佐伯 (2007, 2017) をもとに作成

席替え待望論と同感的関係

「先生，席替えまだ？」

学級担任をしているとよく，こうした席替え待望論を持ち掛けられることがあります。子ども達が気にしているのは，近くに仲が良い子が来るかどうか。「運悪く」あまり話したことがない子が近くに来ると，困ったなという表情をしています。何を話していいか分からないから気まずいと，愚痴をこぼしにくる子もいるほどです。興味関心や価値観が似ていて，同じような思いをもっているとみなせる他者が近くにいるとほっとするのでしょう。

佐伯（2017）は，このように「私達，同じよね」という意識のもとで結束を強めていく関係を**「同感的関係」**，対照的に相手が見ているモノ・コトを，相手の立場や相手の視点から見るようにする関係を**「共感的関係」**と整理しています。そして日本人は，他者と親しくなることを「同感的な関係」を強めていくことだと思ってしまいがちだというのです。欧米に比べてグループ外の見知らぬ他者を極度に警戒する傾向があるそうです。

相互にまねっこをしたり，お揃いの筆箱を揃えたり，「○○を持っていない人はダメ」と仲間外れをつくったり，あるいは与えられたばかりのスマホで四六時中やりとりしたりするのも，すべてこの同感的な関係を強めている同調確認だということができます。

同感が根付いた地で，共感が求められだしている

島国である日本にこのような同感的な関係が広がり，多様な民族が住んでいる欧米に共感的な関係が広がったことはなんとなく納得がいきます。しかし，SNSや動画サイトの広がりによって日本にも多様な文化が広がりました。そんな中で同感を得られるのは少数の相手のみ。多様な子ども達が集まる教室では，共感的な関わりができないと関係が広げられないのです。「今の子ども達」が他者とうまく関われないのは，日本社会に根付いた関わりの仕方と，求められる関わりのねじれが生み出しているとも考えられます。

子ども同士の関わりを広げるあそび

解説
13 「消しピン」を媒介に広がる共感的関係

Point >>

目の前のモノとの「面白さ」が共有できるという経験が、共感的関係を広げていく。

共感的関係への移行

　この多様な興味関心をもつ子ども達の中で幅広くつながっていくためには，相手の視点・立場に立ってみようとする共感的な関係が大切です。つまり，同感的な関係から，共感的な関係への移行が必要になるのです。

　佐伯はこの移行について，「一緒に遊ぶ」ことに他者（当初は同感的な関係がない人）が加わり，目の前のモノとの「面白さ」が共有できるという経験を通して，関わりをどんどん広げていけるようになると述べています。

　同じモノを媒介にしながら，自分とは違う相手なりの捉え方や相手の予想外の行動を感じ，そのやりとりを面白いと感じること，そしてそのやりとりをどうやら相手も面白そうだなと感じられることが共感的関係の第一歩になるというわけです。佐伯は幼児期の子ども達を対象にこの共感的関係の広がりを論じていますが，これはもう少し学齢を重ねた学校現場でも十分当てはまります。

「消しピン」と共感的関係

　例えば**「消しピン」**という子ども達に大人気のあそびがあります。誰が教えたのか分かりませんが，どの教室にも持ち込まれている子ども達特有の文化です。まだ，うまく関われないような相手とも，一緒に遊んでいるといつの間にか大盛り上がりで，消しゴムを落とし合っています。

　入念に作戦を立てている自分とは対照的に，思いっきり消しゴムをはじいてくる子。逆に，落ちてしまうのが怖くて少しずつ消しゴムをはじいている子。こんな単純なゲーム一つをとっても，捉え方が全く違います。なのに，予想外に消しゴムが大きく飛んで行ってしまったのを見た時は，みんなで笑い，この場自体を「きっと他のみんなも楽しく思っているだろう」という強い実感をもつことができる。たかだか消しゴムを落とし合っているだけですが，そこには**「相手と自分は違っているけどこの面白さを共有することはできる」**という共感的な関わりの原体験があるのです。

子ども同士の関わりを広げるあそび

あそび 28

自然に会話が生まれる
「棒消し」

Point >>

目の前のあそびが媒介となり，必要な会話から，相手への反応，喜びや驚きの声など色々な会話が生まれてくる。

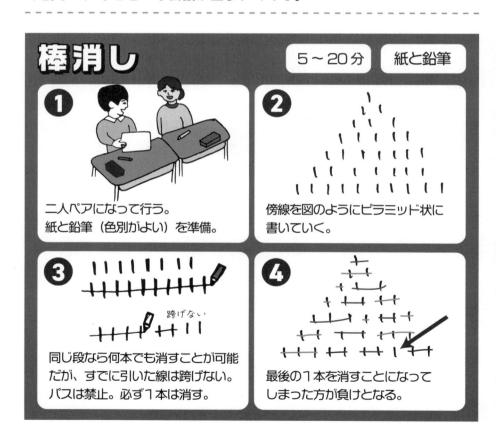

下町のコミュニケーションツール

　こうしたモノを媒介にして，互いの違いを楽しみ，その面白さを共有できるようなあそびが共感的関係を築く第一歩になるのです。思い返してみれば，そんなあそびを幼少期からたくさんしてきたように思えます。例えば**棒消し**というあそび。互いに線を消していき，最後の1本を消したら負け。同じ段なら一斉に消すことができますが，相手が書いた線をまたぐことはできません。このあそびを教えてくれた叔父は「席替えのたびに隣の席の子に勝負を申し込んでいたよ」と言っていました。色々な子ども達がいた下町で育った叔父が身に付けていたコミュニケーションツールだったのかもしれません。

必要なやりとりから自然に生じていく会話

　学級開き後の初めての席替え。やっとの思いで会話ができるようになった近隣の仲間と離れてしまうことに子ども達は不安そうな表情を浮かべています。席替え後も，これからのコミュニケーションが不安なのか，どこか重たい空気がただよいます。そこで，ペアでの棒消しを実施することにしました。

　こうしたモノを媒介にしたあそびは，あそびを進めようとするうちに，なんとなく会話が成立していきます。例えば，勝負を始めるにも「紙どうする？」「先攻決めよ」といくつか話をしなければいけません。こうした，事務的な会話を繰り返していくうちに，段々と相手への反応や喜びの声が聞こえてきます。そして，数分後には教室が活気にあふれてくるでしょう。

　勝負がつきはじめると，子ども達から「今度は違う人とやっていいですか？」と質問が出てきます。しかし，ここでは少し待ってもらうように伝えます。もしここで自由に相手を変えられるようにしてしまうと，近くにいる話しやすい子と遊び始めてしまい，本来の目的を果たすことができないからです。そこで，今度は縦並びのペアで棒消しをするように，次は斜めでというように明確に指示をします。趣味嗜好が違う相手とも関わりを広げていくためには，ここでは相手を限定した方が効果的なのです。

子ども同士の関わりを広げるあそび

あそび 29
グループワークの助走をつける
「鉛筆サバイバル」

Point >>

モノを媒介にしたあそびはグループにも効果的。協力的な関係を築く

助走をつけることは，結果的に今後の活動の成果を高める。

鉛筆サバイバル　15〜30分　紙と鉛筆

❶

それぞれ紙の角に陣地を書き、駒を5体、王を1体、上図のように配置させる。

❷

先攻から順に駒を移動。駒の上に鉛筆を立ててから指1本で押す。
※周りの人に当たらないよう注意！

❸

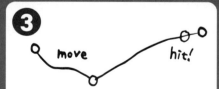

線の先に駒を新しく書く。滑らせた線が相手の駒の上を通過したらその駒を倒すことができます。

❹

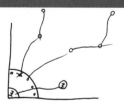

倒された駒はもう使えない。駒を倒し合い、相手の王様を先に倒した方が勝利です。

グループワークの助走

　もちろんペアだけではなく，生活班が同じ近隣の児童との間にも共感的な関係を広げていくことが大切です。話し合いやグループワークはもちろん，一緒に食べたり，一緒に掃除をしたり。生活班のメンバーと関わる時間は想像以上にたくさんあります。しかしこの生活班のメンバーとどんな関係を築いていくか，ということにあまり学校では重きが置かれません。というよりもそんな時間を取る暇はないといった方が適切でしょうか。

　しかし子ども達の中には「はじめての相手とどう話していいか分からない」と苦手感を感じる子もたくさんいます。また，声の大きい人に意見を無理に合わせたり，自分の本心を伝えられなかったりしてしまうこともたくさんあります。そんな状況をそのままにしても本当に「話し合う」ことはできません。であれば，多少時間を取って，打ち解けるための時間を設け，共感的な関わりが広がっていくような助走をつけた方が，結果的として成果が高まるかもしれません。

昭和の紙ペン遊び

　そこでオススメなのが**互いの違いを楽しみ，その面白さを全員で共有できるようなあそびを数種類もっておく**ことです。そうすれば席替えなどで新しいグループができるたびに，わずかな時間で関わりの助走をつけることができるからです。例えば**「鉛筆サバイバル」**というあそびがあります。こちらもまた，叔父と叔母に教わったものですから「そんなの知ってるよ」という方も見えるかもしれません。しかし，こうした昭和のあそびに，共感的な関わりを広げるものが多いのも偶然ではないような気がしています。

　必要なのは紙と鉛筆のみ。陣地を書いて鉛筆をすべらせていきます。その時に周りの人に当たらないように少し注意が必要ですが，紙と鉛筆さえあれば，いつでも簡単に行うことができます。一度紹介しておくと，雨の日の休み時間などにも自然に関係が広がっていくようになっていきます。

子ども同士の関わりを広げるあそび

あそび 30

違っているけど面白いを学級全体で共有する
「擬音 de ビンゴ」

Point >>

互いの違いを楽しみ，その面白さを共有するあそびは，学級全体でもできる。

①	②
 全員に紙とペンを用意する。ホワイトボードだと good。タブレットでの代用も考えられる。	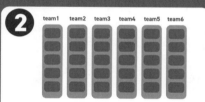 列対抗で一列ずつ挑戦。プレゼンソフトに画像を数枚入れておき、ルーレットのように掲示。
③	④
 代表がストップと言って画像を選択。「ゴロゴロ」のようにその画像に当てはまる擬音をそれぞれ考え記入。	 紙を上にあげ、列の中で同じ言葉を書いた人の分だけ得点が入る。一番多かった列が優勝。

学級全体でも

この**「互いの違いを楽しみ，そしてその面白さを共有する」**あそびは，少人数だけでなく，学級全体でも取り組むことができます。

紹介するのは**「擬音 de ビンゴ」**というあそびです。お題の画像を見て，どんな擬音が思いついたかをボードに記入するこのあそびは，列の中に同じ擬音を書いた人がどれだけいたかを競い合います。

違っているけど，面白い

まず，一人1枚ホワイトボードを配布します。本校にはクラスに持ち込めるものがあるのですが，なければ裏紙でも代用可能です。また，A4のクリアファイルを使って一人1枚のホワイトボードを作っていた時もありました。

列対抗で行うため，まずは一番廊下側の1列から。いくつか画像を準備しておいたスライドをルーレットのように表示し，代表の一人に「ストップ」を宣言してもらいます。今回は雷が落ちている画像が映し出されました。

このゲームの面白いところはその難しさ。「ピカッ」「ゴロゴロ」「ドシャーン」と同じ雷の画像でもイメージする擬音が全く異なるのです。もちろん答えがそろった時にはチーム全体から歓声が上がりますし，うまくいかなかった時も「あぁ"ゴロゴロ"かー！」「絶対"ピカッ"でしょ！」となぜかみんな笑っています。きっと，自然に互いの見方の違いの面白さに気が付いていくのでしょう。翌日，ある子の日記にこんな文章が記されていました。

> 今日6時間目の終わりに「擬音でビンゴ」をしました。絶対そろわないと思っていたけど，意外にみんなそろってすごいと思いました。もう一つすごいと思ったのは，そろわなくてもせめる人がいなかったことです。それに，同じ絵でもこんなに考え方が違うんだなって思いました。またみんなで楽しみたいです。

違っているけど，面白い。でもこの楽しさはみんなで共有している。そんな気持ちが学級全体に共感的な関係を広げていきます。そして，その気持ちは，日々の授業をより豊かなものに変えていってくれるのです。

子ども同士の関わりを広げるあそび

あそび 31

雪解けを待つ
「話咲きすごろく」

Point >>

無理に子どもを動かさなくても、一緒に同じすごろくをしているだけで、自然に会話が生じていく。

自由な活動の落とし穴

長い休みが開けた新学期の初日。先生が「席を立って色々な友達と夏休みの話をしてきましょう」と指示をしたとしましょう。きっと子ども達は一斉に立ち上がり教室のあちこちで挨拶をはじめるはずです。活気ある教室が目に浮かびます。しかし，実際に一人一人の子ども達に目を向けてみると，教室全体が活気にあふれているわけではないことに気が付きます。仲の良い友達を必死に探している子はいないでしょうか。目の前にいた子が合図とともに遠くに駆けだしていってしまったのを見た，隣の子はどんな顔をしているでしょうか。そして，そんな幕開けをした新学期に，みんなで仲良くしていこうという前向きな気持ちをもつことはできるでしょうか。活気あふれる教室とともに，同感的な関係の幕が開いてしまう気がします。だったら「近くの席の人」など指定された相手と，モノを媒介にしたあそびを展開した方が取り残しがないと思うのです。そもそも，**仲良しの子との挨拶は，先生が来る前にとっくに済んでいる**はずです。

共視を促す古き良きすごろく

例えば，新年初日は左図のようなすごろくプリントを渡します。SNSで見かけたいくつかの実践の追試として自分でも作成してみました。教室に常備してあるサイコロ（あると何かと便利です）を使って，出た目のマス目にそった指示に従っていきます。それぞれの答えが分かれるようなマス目があると良いのですが，だからといって誰かが嫌な気持ちになるマス目があってはいけません。例えば「出かけた場所は？」のマスがあったら，どこにも出かけていない子は少し嫌な気持ちになってしまいます。考え方や捉え方の違いは面白いものですが，生活の違いは笑えるものではありません。

そして，自然にみんなで笑う時間を仕組みます。この年一番受けが良かったのは「運動不足解消　みんなでスクワット５回」です。大笑いとともに「先生，最悪！」の声が聞こえてきました。

子ども同士の関わりを広げるあそび

解説
14 アイスブレイクに「ウッ」となる理由

Point >>

アイスブレイクは相手との間の氷を自分で叩き割れるような雰囲気をつくる時間。時にはともに眺める時間をつくり，雪解けを待ってもよい。

北山（2005）をもとに作成

アイスブレイクが実は苦手

　先日 SNS 上にて，先ほどのような「アイスブレイクが実は苦手」といった声が数多く寄せられているのを見かけました。正直に言うと，私もその一人。例えば「最近あった面白かったことを伝え合いましょう」のようにいきなり自己開示を求められると，シャイな私は少しウッとなってしまいます。もちろん，初対面の人が学びに集う研修の場では，互いのことを簡単に知り合えたり，アウトプットをする気持ちを高めたりできるアイスブレイクは効果的です。しかし，受ける側は心のどこかで腹を括らなくてはいけません。言ってしまえば，アイスブレイクは相手との間にある氷を「みんなで叩き割ろうよ」という時間です。ですから，氷を割るのは自分自身。心のどこかで氷をエイッと割って相手と向き合う覚悟をもたなければいけないのです。

　そういう時は，つい目線を逸らしたくなります。相手の顔を見合うよりも，どこかを一緒に見ている方が話しやすいのです。カウンセリングの世界で用いられるような T 字の座席配置や，ドライブ中の横並びのように。ともに何かを見ている方が心をオープンにしやすいように思えます。

向き合わずとも，眺めることで

　実際に北山（2005）はともに同じものを眺めることでその間には情緒的な交流が行われると述べています。例えば「面白い」という情緒。「面白い」という言葉は火を囲む人々が同じ方向を見ながら話している時に，その顔が白く映えるという現象からきているという諸源説があるそうです。確かに，顔の表面が白く見えるのはともに火を眺めているからであって，これがもし向き合っていた場合は，互いの面は白く見えません。北山はまた，信頼感，温かさに加えて，悲しみや悔しさ，ポジティブな情緒やネガティブな情緒，複雑な情緒の交流があり得ると述べています。関係を築くきっかけは，互いに向き合い相手のことを詳しく知っていくことだけではありません。**ともに同じものを眺めるだけでも，少しずつ雪解けは進んでいく**のです。

Recreation

子ども同士の関わりを広げるあそび

あそび 32　目に見えないものをともに見つめる
「涼しりとり」

Point »

同じものを見つめながら感情をも共有していくような共有体験には，6つの種類がある。

涼しりとり　5〜15分　準備なし

❶
3人以上で行う。出た言葉の中で誰の言葉が一番涼しそうか、ひんやりしてそうかを競う。

❷
お題の文字から順番に、涼しそうな言葉をしりとりでつなげる。手拍子でリズムをつけると難易度が上がる。

❸
一周したところで、誰の言葉が一番涼しいかを「せーの」で投票する。投票は自分以外に行う。

❹
その後の議論も面白い。また、実態によっては、文字を指定し班で相談して決めるようにすることもできる。

6つの共有体験

同じものを見つめるという行為は絶対に「目に見えるもの」を二人で見なければいけないわけではありません。近藤（2010）はこの同じものを見つめながら感情を共有していくような共有体験を6つの種類に分類しています。

1つ目は**「物体の共有」**です。今までのあそびで言うならば一緒に紙を使ったり、消しゴムを使ったり。同じ物を共有することで自然に並ぶ関係ができあがるのです。

2つ目は**「時間的共有」**です。一緒に映画を見る、並んで散歩をするなどともに時間を過ごすことを表すもので、本書でいうならば一緒に同じあそびをするとなるでしょうか。

3つ目は**「空間的共有」**です。これは単に同じ場所にいるだけにとどまらずパーソナルスペースを重ねることが心理的に大きな意味をもってきます。この章でもすごろくをしたり、一緒に1枚の紙で遊んだりしているうちに自然に身体的距離が近づいてくると思います。

4つ目は**「知識の共有」**です。これは言語化された概念を語り聞くことを示します。例えばしりとりをしている時。実際に何かを見つめているわけではなくても、参加者達は心の中でみな同じ言葉を見つめているということができるでしょう。

そして5つ目は**「感情の共有」**です。面白さだけでなく、怒り、恐れ、悲しみ、喜び、嬉しさなど様々な感情をともにしていくことができるのです。

目に見えないものをともに見るあそび

例えば、左頁に紹介した**「涼しりとり」**では物体は共有されていないですが②時間④知識⑤感情を共有することが可能です。しりとりをしている時、視点の先はばらばらですが、頭の中には同じ文字が浮かんでいますよね。また、それに涼しさを競う要素を加え、感情の違いも楽しめるようにアレンジしたあそびになります。

子ども同士の関わりを広げるあそび

あそび 33

少しずつでも意志を共有する時間をつくる
「雑紙タワー」

Point >>

同じ目標をともに見つめていくような「意志の共有」をする経験が，子ども達の結び付きを強めていく。

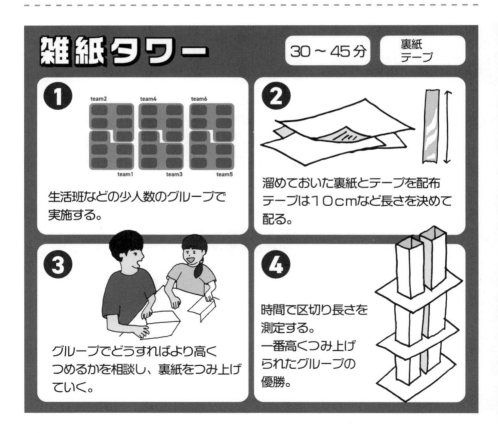

意志の共有

そして，６つ目の共有は**「意志の共有」**です。同じ目標をともに見つめていくような経験も共有体験になるということです。学級目標や，活動の目当てなどこうした意志の共有を意図的につくり出していくことで，結び付きを深めていくことができます。

みなさんが今良好な関係を築いている相手とも，きっとどこかで何かをともに眺めている時間があったのではないでしょうか。一緒に研修のアクティビティをして仲良くなった友人，ともにボールを追いかけた部活動の友人，文化祭の劇を成功させようとともに頑張った友人。きっとそうした同じものを目指していくような原体験があるはずです。チームビルディング的な活動として一緒に何かを積み上げたり，ゴールを目指すラリーをしたりするのもこうした意志の共有が起こる機会を設定しているということができます。

穴から目をそらさずに，少しでも埋めること

学校でも取り入れやすい有名なチームビルディングに**「ストロータワー」**があります。各班に12本程度のストローを配布しておいて，時間内にどれだけ高いタワーを作れるかを競い合うこのワークは，「高いタワー」を作りたいという目標を共有しながら，物体や時間，空間，知識，感情のすべてを共有していくことができます。ただ，ストローの準備は大変ですし，資源を多く使っていることも気になるので，私はよく裏紙を使って左頁のような**「雑紙タワー」**というあそびを行っています。

「意志の共有」はもともと学校行事の中で多く行われていました。しかし，子ども達が一つの目標に向かって試行錯誤し，その苦労や達成した喜びを味わえるようなダイナミックな学校行事はだんだん行いづらくなっているのが現状です。しかし，このような意志の共有が子ども達の結び付きを強める役割があったこともまた事実です。小さなあそびでも，少しずつその穴を埋める工夫をする必要があると感じています。

Recreation 子ども同士の関わりを広げるあそび

あそび 34 同じ目標に向かって話し合う
「神輿でワッショイ」

Point »

思わず意見を言いたくなるような目標が，多様な考えを引き出し，話し合いを活性化させる。

話し合いと共通の目標

「意志の共有」はグループの話し合い場面でも大切です。グループに共通の目標があって，話し合わなければいけない必要感が生じている場合は，自然と話し合いが盛り上がります。「ああした方がいいんじゃないか」「こちらの方が早いのではないか」とより良い考えを吟味していくことでしょう。前ページの雑紙タワーの中でもきっと，最適な積み方についてたくさんの意見が交わされているはずです。そして，そうやって話し合い，目標を達成することができると「みんなでそれぞれ意見を出し合ったから，よりよい成果が出せた」と共感的な関係を深めることができます。

反対にこの目的があいまいになると，話し合う意味がなくなってしまいます。事務的にワークシートに書いたものを伝え合ったり，それっぽい雑談を交わしたり。一気に話し合いが形骸化してしまうのです。

議論が生まれるきっかけを

意味のある話し合いをして，共感的な関係を深めていってほしい。そんな願いで行うのが**「神輿でワッショイ」**というあそびです。「並び方が変わった日に列対抗で」のように，新たなグループができた時によく行います。

使用するのは先ほども紹介した，体育館にある色付きの棒，「体操棒」です。両淵にフラフープを設置し（20mくらいがベストでしょうか）片側のフラフープにサイズの異なるボールをいくつか並べます。そして二人組で体操棒を使って，このボールを反対側のフラフープに順番に運んでいくというルールです。このあそびのポイントは違うサイズのボールなら二つまで一度に運んでもよいということ。このルールのおかげで「あれとこれを運べば早いんじゃないか？」「じゃあ順番はどうする？」という議論が生まれます。思わず意見を言いたくなるような目標が，多様な考えを引き出してくれるのです。

Recreation

子ども同士の関わりを広げるあそび

あそび 35

共感的な関わりの広がりが見える
「へびへびじゃんけん」

Point >>

学級の全員が，今じゃんけんをしている子達の視線の先を一緒に見つめ，一緒に一喜一憂するような瞬間を目指したい。

なぜか選ばれるへびへびじゃんけん

　子ども達が楽しみにしている学期末のお楽しみ会。そこで，なぜか毎回選ばれるあそびがこの**「へびへびじゃんけん」**です。この年に担任していた６年生も，いつもこのあそびを選んでいました。色んなあそびを紹介したじゃないか。それにもう６年生だぞ。そんな私の思いをよそに，満場一致で決定します。不思議なことに学級がうまくいっている手ごたえが強ければ強いほど，子ども達はへびへびじゃんけんを好みます。なぜ，あんなシンプルなあそびにかえっていくんだろう。そんなことを不思議に思っていました。

じゃんけんの先をともに見つめて

　「へびへび学年」を送り出して翌年。新しく出会った子ども達はとてもひたむきな子ども達でした。学習への意欲はすでにへびへび学年よりも上かもしれません。そして，この子ども達もまた，１学期のお楽しみ会にへびへびじゃんけんを選んでいました。しかし，実際に行ってみるとなんだか少し盛り上がりが足りません。それに並んでいる子達が談笑をしていることが気になります。仲が良い子が出ている時と，一緒に遊んでいた私が出ている時以外は，まるで他人事のようなのです。

　その違和感が気になり，記録してあったへびへび学年のビデオを再生してみました。湧き上がる子ども達。声を枯らしている子もいます。

　当時の雰囲気に浸りながら「昔と比べてはいけないな」と停止ボタンを押すと，あることに気が付きました。画面に映っている何十人の子ども達が<u>**全員差し出されたじゃんけんの先を見つめている**</u>のです。両手を組んで祈っている子はもちろん，座り込んでいる子も，前の子にもたれかかっている子も，みんなが見つめています。学級の全員が，今じゃんけんをしている子達の視線の先を一緒に見つめ，一緒に一喜一憂しているのです。次々に，共感できる仲間が出てくるのですから，談笑している暇なんてありません。私は，へびへびじゃんけんで盛り上がれることを２学期からの目標に付け加えました。

103

Recreation / 子ども同士の関わりを広げるあそび

あそび 36

二人そろえばいつでも白熱
「積み三目」

Point >>

二人遊びの定番の「〇×」にかけひき要素を追加することで，より勝負が白熱し，たくさんのやりとりが行われるようになる。

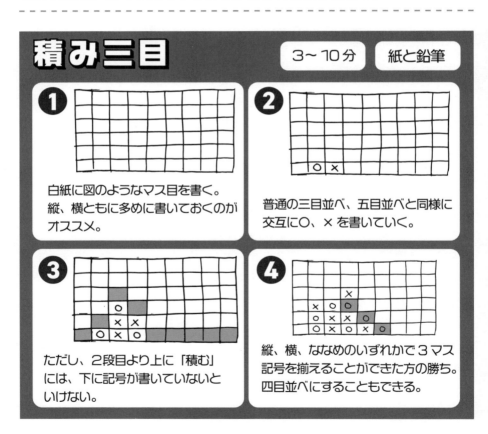

あそび 37 誰が相手でも楽しめる「三方封じ」

Point >>

必勝法や戦術が立てづらく，勝つチャンスがどちらにもあるため，誰が相手でも楽しむことができる。

夢中を引き出すあそび

解説
15 あそびとその副産物

Point >>

夢中になって遊んでいるうちに、その副産物として教育の真面目な目的を達成していることがある。

ずっと学びのそばにいたあそび

漢字、歴史、地理…暗記ものはやっぱり古今東西。

アフリカの国名もほとんど覚えてしまったビーチバレー。

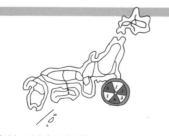

各地の地名を網羅した特急ゲーム。地名をゲームで覚えた人は多いはず。

交互に一個ずつ増やしていく暗記ゲームはどんなジャンルでも行える。

大義名分が得られない「あそび」

　子ども達の関心を惹きつけたい，もっと知りたいという気持ちを引き出したい。そんな思いを背景に「あそび」は度々，日々の授業の中にも取り入れられています。しかし「あそび」というと，どうしても「楽しさを重視するもの」や「日ごろの息抜き」といった印象が伴います。そのため，きちんと学習をやっていないと思われないかな，という後ろめたさを感じながらあそびを取り入れている方も多いのではないでしょうか。私も，この本をまとめながら「いつもあそびをしているわけではありません」という注釈を何度も打ちそうになりました。あそびには，そんなどこか不真面目なイメージがつきまとってしまうのです。また，授業や教材の魅力で子ども達の意欲を引き出すべきではという考えも脳裏をよぎります。

あそびがもつ大きな力

　しかし，あそびがもつ大きなパワーを否定することはできません。グレイ（2018）は著書の中で，あそびの教育的なパワーについて触れ，楽しむために遊んでいるうちに副産物として教育の真面目な目的を達成すると述べています。

　言われてみれば，あそびに夢中になっているうちにその副産物として何かを習得したり，覚えてしまっていたりする経験は自分にもたくさんありました。全国の駅を回る「特急ゲーム」というボードゲームで全国の地名を覚えたり，地球儀柄のビーチボールをラリーしながら国名を言う古今東西ゲームで，世界の国名を覚えたり。「負けたくない」「次はもっとうまくやりたい」と夢中になって遊んでいるうちに，自然に覚えてしまっていたように感じます。「あそび」にはそんな**子ども達の「夢中」を引き出しながら，副産物として教育の目的を果たしてしまう**大きな力があるのでしょう。

　この章では，そんな豊かな副産物が生まれるような，子ども達の「夢中」を引き出すあそびを紹介したいと思います。

夢中を引き出すあそび

あそび 38 子ども達が漢字を調べ出す「部首リレー」

Point >>

たくさんの漢字を挙げるといういつもと違うアウトプットの仕方を必要とするあそびが、もっと覚えたいという気持ちを引き出す。

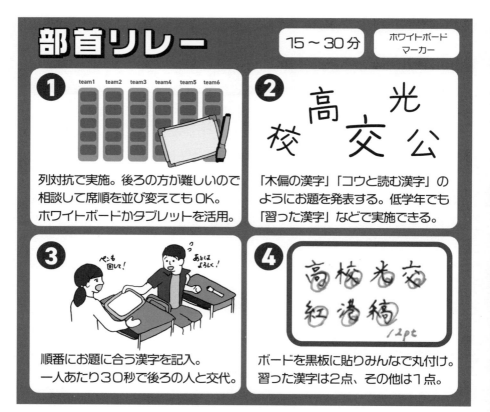

漢字のマイナスイメージ

小学校の学習の中で「漢字」はとても大きなウエイトを占めています。どの学年でも共通して漢字の学習は行われていますし，宿題として出されることもたくさんあります。テストの回数もきっと漢字が一番多いはずです。千種類もの漢字を６年間で覚えるのですから，漢字の勉強はとてもハードです。

また，効果的な宿題の方法が広がってきたものの，まだまだノートにぎっしり漢字を書き込む宿題が行われているところもたくさんあります。そんな背景から，いつしか漢字は子ども達にとって「たくさん書いて，テストをするもの」になってしまっているのです。この作業的なイメージを少し変え，夢中になって漢字を覚える瞬間を創り出すのが左図の**「部首リレー」**です。

思わず調べたくなる状況に

部首リレーは列ごとに，１枚の紙を回しながら行います。みんなで丸付けができるように，黒板に貼れるマグネットボードを用いてもよいですし，タブレット端末を使うのも効果的でしょう。

大まかなルールを説明したら次は席順を決めます。これによって，漢字が苦手な子の負担が少し軽減されます。加えて，一人あたり30秒で回していくので，漢字が苦手な子が浮き彫りになることもありません。ちなみに，日々の漢字の学習とつなげていきたいので習った漢字は２ポイント，習っていない漢字は１ポイントというルールを採用しています。

準備ができたらお題を伝えます。「木偏の漢字」「さんずいの漢字」という部首のお題はもちろん「コウと読める漢字」「５画の漢字」というように音や画数でお題を出しても面白いです。特に画数を指定したお題は学力差が出にくくなるので，全員に活躍の機会があります。

数をたくさん出すという感覚で漢字を覚えていないせいか，子ども達は嬉しそうに頭を抱えています。「先生次はいつやるの？」「お願いだから予告して！」と次のリレーを期待する声もたくさん聞こえてきました。

Recreation 夢中を引き出すあそび

あそび 39

資料集を囲んだ輪ができる
「人物クイズ」

Point >>

全員が共通の話題をもっていることにより相手が誰であっても構わないという状況が生まれ，資料集を囲んだ輪ができるようになる。

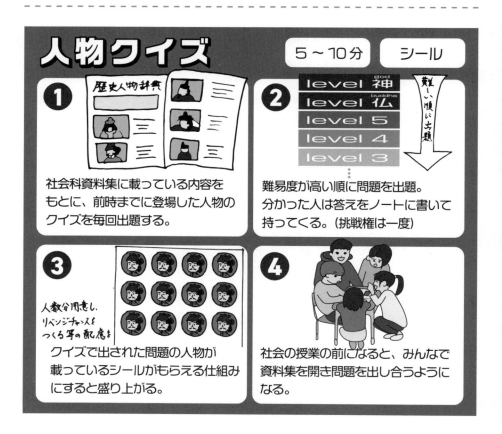

資料集にかじりつく人物クイズ

　6年生を担任した際に必ず行っている**「人物クイズ」**もそんな思わず調べたくなるあそびの1つです。前時までに登場した歴史上の人物に関するクイズを出題し，正解するとその人物のシールがもらえるという仕組みなのですが，それに正解するために，子ども達はかじりつくように社会科資料集を読みこんでいます。資料集の隅に載っているような問題に正解すると，シールがもらえるかどうか以上にとても気持ちが良いそうです。

みんなで覚える面白さ

　各問題には1〜5，「仏」「神」の7種類のレベルが私の独断と偏見により設定されていて，難しい問題から順に映し出されます。分かったところで子ども達は小さな用紙に答えを書いて前に持ってくるのですが，間違えたらそこでゲームオーバー。再チャレンジはできません。そのため，合っているかどうかが分からない問題では，答えを言いに行くのを躊躇いたくなってしまいます。しかし，早々と問題に正解すれば，みんなからのどよめきと羨望のまなざしを獲得することができるのです。

　はじめの問題は最高難易度の「神（god）」。「冠位十二階の色を位が高い順に6色答えましょう」という問題です。しかし，問題を見るやいなや，嬉しそうな顔をして何人かの子ども達がやってきました。とにかく難しい問題がくるだろうと，みんなで休み時間に問題を出し合っていたようです。「次は聖徳太子のクイズをするね」というように，前時の社会が終わる時に次のクイズに取り上げる人物をアナウンスしておくと，みんなで勉強をするようになります。ペリーが乗ってきた船の名前も，解体新書の翻訳前の名前も，子ども達は当たり前のように覚えてきます。みんなで遊びながらやっていると難しい言葉を覚えるのも楽しくなってしまうのでしょう。社会科の授業の前には，いつも資料集を囲んで教室にたくさんの輪ができています。きっと**全員が共通の話題をもっているので，相手が誰であっても構わない**のでしょう。

111

Recreation / 夢中を引き出すあそび

あそび 40

夢中になって地図帳をめくる
「ワールドツアー」

Point >>

一度ブームが巻き起こると子ども達は自然にたくさんのことを覚えていってしまう。

ワールドツアー　2〜10分　地図帳

❶
一人一冊地図帳を持ち寄る。まずは問題を出す順番を決める。教師が出題し学級全員で探してもよい。

❷
出題者が国名や、地名を言ったらその地名が載っているページを探す。国名の場合は、世界全図は×。

❸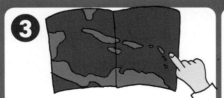
見つけたら「あった」と言って、その地点を指す。一早く指した人が勝ちとなる。

❹
索引は使用禁止。なかなか見つからない場合は、大陸名、ページ、記号などのヒントを出す。

小ブームの持つ力

実は私は輪ゴム飛ばしが大の得意です。10mほど先にある空き缶を狙い撃つくらいは朝飯前で，輪ゴムを打つと，シュインと風を切り裂く音がします。小学校の頃に輪ゴム飛ばしブームが起こり，友達や家族と一緒に日々練習に明け暮れていたのです。考えてみれば，ヨーヨーやけん玉，こまやルービックキューブなど昔流行っていたあそびは，どれもなかなか難易度が高いものです。これらがもし学校の宿題として出されたら，きっと何人もの子ども達が悲鳴をあげているでしょう。しかし，みんなが夢中になっている雰囲気の中だと，いつのまにか身に付いてしまうのです。学習あそびも，そんな**仲間と一緒に白熱して遊べるような小さなブーム**が起こると，子ども達の夢中度はさらに高まり，たくさんの副産物が生まれていきます。

自然に覚えてしまった難しい国名

小学校時代に大流行した学習あそびの一つに**「ワールドツアー」**というものがあります。地図帳で誰かが指定した場所を一番早く見つけた人が優勝というこのあそびを，雨の日はいつも行っていました。

みんなが見つけにくそうな国名や地名を探して出題するのですが，毎日のように地図帳を開いていると，だんだんなんとなくの場所が分かるようになっていきます。「アンティグア・バーブーダ」と言われたらすぐにみんながカリブ海のページを開くことができるほどに，地図帳を使い込んでいました。今でも世界各国の国名や都市名が頭の中に残っているのは，きっとあの時にさんざん地図帳で遊んだからだと思います。また，あまりに見つかりにくい時には「メキシコよりも南」「Aにある」「2にある」とヒントを出すルールになっていたので，自然に国名や地図帳の使い方も身に付いていました。

今思えば，きっとこの地図帳ブームも当時の先生が私達のために仕組んだものだったのでしょう。先生が創り出した小さなブームのお陰で，世界の地名と楽しかった思い出が脳裏に焼き付いています。

夢中を引き出すあそび

あそび 41 子ども達が辞書を開いて遊びだす「言葉の達人クイズ」

Point »

辞書の面白さを生かしたクイズを紹介すると，子ども達は休み時間にまで国語辞典で遊ぶようになる。

言葉の達人クイズ　5〜15分　国語辞典

①
国語辞典が1冊あればいつでも可能。説明を聞いて何という言葉かあてる。

②
分かった人から挙手をして回答。回答権は一問につき一人一回まで。

③
難しい言葉を選ぶよりも、みんなが知っているのに浮かばなそうな問題を選ぶとよい。

④
教室に国語辞典を何冊か置いておくだけで自然に休み時間に遊ぶように。

国語辞典の面白さ

　3年生の国語で学習する国語辞典。インターネットが当たり前のように普及している現在ではこの国語辞典を引く機会も減少し，子ども達も分からない言葉があるとタブレット端末を使って検索したいと申し出てきます。しかし，辞書には辞書の良さや，面白さがあります。例えば，国語辞典の方が見ず知らずの言葉に出会う機会がたくさんあります。検索は一つの言葉をピンポイントで調べるので，そこで学習が止まってしまいますが，辞書を引くと違う言葉がたくさん目に入ってきます。ぺらぺらとめくっているだけで，たくさんの新しい言葉に出会うことができるのです。

数分で出題できる簡単なクイズ

　そういった辞書の面白さを生かしたあそびとして**「言葉の達人クイズ」**があります。国語辞典が1冊あればいつでもできて，また時間もかからないため，ちょっとしたすきま時間に行うことが可能です。この日も国語が5分早く終わってしまったため，本棚から国語辞典を持ってきました。

> 先生が今から辞書に載っている説明文を読むので，その説明がどんな言葉を指しているのかを当ててください。1つの言葉につき，手を挙げられるのは一回までです。では第1問。前もってしたくをすること，動作を起こさせる時の掛け声は？

　出している側からすると簡単に思えるのですが，問題として言われると難しいようで，なかなか正解は出てきません。特に「知っているのに，浮かばない」というような言葉を選ぶことができると，多くの子ども達が興味をもってくれます。逆に，難しい熟語などを選ぶと勉強が得意な子だけが正解してしまうので面白くありません。ちなみにこのクイズの正解は「用意」です。

　授業後，さっそく何人かの子ども達が辞書を持って互いにクイズを出し合っていました。休み時間にみんなで簡単に出し合うことができるのも，この「言葉の達人クイズ」の面白いところです。

夢中を引き出すあそび

Recreation

あそび 42

国語辞典の規則を生かした
「辞書スナイパー」

Point >>

辞書の掲載のルールを体験的に学ぶことができる。また，辞書の学習がない学年でも言葉あそびとして楽しむことができる。

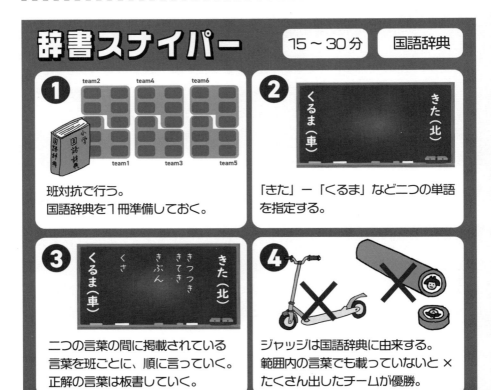

国語辞典の規則を生かして

　国語辞典を上手に使いこなすには，掲載順の規則に慣れなければいけません。しかし，この掲載順の規則は子ども達にとってはなかなか覚えづらいものです。「さっか」と「さが」ではどちらが先に掲載されているかと聞かれても，国語辞典を引き慣れていない子ども達はきっと頭を抱えてしまうでしょう。

　そんな国語辞典の仕組みに慣れていくために生み出したのがこの**「辞書スナイパー」**です。「"さとう"から"しお"の間にはどんな言葉が載っているか」のように，示された範囲にある言葉を考えていくあそびで，昔放送されていたバラエティ番組の1コーナーを参考に作成しました。辞書の学習をしたばかりの3年生の子ども達だけでなく，それより上の学年でも十分に楽しむことができます。

辞書の掲載順を遊びながら覚える

　まず初めに黒板の両端に，「きた」と「くるま」のように言葉の範囲となる言葉を書き記していきます。子ども達はその2文字の間に掲載されている言葉を，同じ班の仲間と相談して見つけていきます。

　例えば「きつね」であれば2文字目が「つ」なので，「きた」よりも後になり正解になるのですが，「きそ」だと2文字目が「そ」で「た」よりも前のページに掲載されていることになってしまうので範囲外になってしまいます。これが意外に難しく，高学年でも間違えてしまうことがたくさんあります。また「辞書に載っていたらOK」というルールなので「金太郎あめ」や「キックボード」は不正解になってしまいます。この「辞書に載っていたら」という明確な判断基準は子ども達からの文句を防ぎ，また載っているか載っていないかが分からないというドキドキ感を生み出します。個人の挙手制で行っても，意外な活躍を見ることができて面白いですし，班で相談して順番に言っていく形式にしても盛り上がります。

夢中を引き出すあそび

あそび 43
計算のきまりが活用できるようになる
「MAKE10」

Point »

ちょっとしたすきま時間を使ってこのあそびを行うことで，計算のきまりを楽しく活用できるようになる。

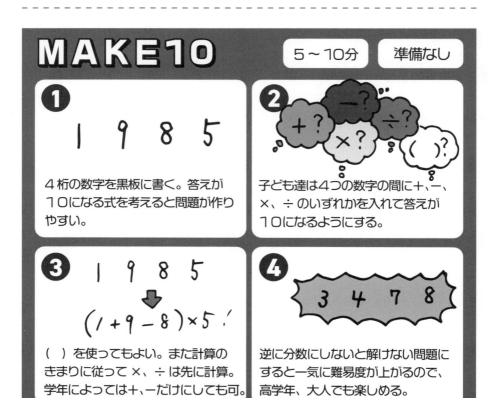

式をつくる MAKE10

　日本の算数の問題は答えを出すものばかりだが，海外の算数の問題は式をつくるものが多い，といった内容のCMを昔，目にしたことがあります。その是非や信憑性はさておき，確かに小学校の算数には答えを導くものがたくさんあります。そのため学年が上がり，答えから式を導き出すような○や△を使う学習が始まると，多くの子ども達は混乱してしまいます。

　そんな式をつくる経験を楽しく蓄積できるあそびがこの**「MAKE10」**です。4けたの数字を示しその間に＋，−，×，÷のいずれかを使って答えが10になるような式をつくります。車のナンバーや携帯のアプリゲームなどで遊んだ人も多いのではないでしょうか。

　また，このあそびをすることで（）の中は先に計算する，掛け算や割り算は先に計算するというような計算のきまりに慣れることもできるでしょう。

３４７８

　1問にかかる時間が短いので，計算問題が早く解き終わって時間が少し余った時など，ちょっとしたタイミングで行うことができます。また，割り算をなくして，＋，−，×だけでつくったり，（）なしで解けるようにしたりと，問題の難易度を調整すれば高学年でなくても行うことができるでしょう。

　一度紹介しておくと，自主学習で難しい問題をつくってきたり，渋滞の時に車のナンバーを見ながら盛り上がったよと教えてくれたりと，興味をもってくれる子ども達も出てきます。ポイントは「分かった人はそっと手を挙げてね」と言って，**早く挙手した人をすぐに当てない**ところです。早く挙げた人がすぐに答えてしまうと，考える時間が足らずに参加できない子が出てきてしまうからです。答えがひらめいた時のすっきり感をできるだけ多くの子が味わえるように数人が手を挙げてから当てるようにするとよいでしょう。

　ちなみに今のところ一番難しいと思っている問題は「３４７８」です。みなさんもぜひ一度考えてみてください。

第5章　夢中を引き出すあそび

夢中を引き出すあそび

あそび 44

食への関心が高まる
「給食クイズ」

Point >>

夢中になって遊んでいるうちに，その副産物として教育の真面目な目的を達成していることがある。

全員が同じ土俵に立っていること

あそびやクイズが盛り上がるためのポイントとして**「全員が同じ土俵に立っていること」**が挙げられます。勉強のように得意不得意がはっきりしていたり，興味をもっている子だけが知っていたりするような内容だと，遊び始める前からあきらめてしまう子が出てきてしまいます。しかし，全員が毎日同じメニューを食べている**「給食」**をクイズの題材にすることで学級の全員を同じスタートラインに立たせることができるのです。

1枚の献立表から広がるあそび

私が勤める自治体では，毎月給食のメニュー表が配られます。その日のメニュー名に加えて，使われている食材が3色食品群に分類されて記されているので，このメニュー表1枚あれば，すぐにクイズができあがります。家庭科との関連はもちろん，食育にもつながるので4年生以下でも実施の価値は十分あります。ああでもない，こうでもない，と相談するのがこのあそびの醍醐味なので，行う時はいつも班対抗です。ホワイトボードとマーカーを配布して，初めはメニュー名クイズから行います。

先生が入っている食材を伝えるので，メニュー名を書いてください。いきますよ，油，小麦粉…牛肉，生クリーム…ピーマン，たまねぎ，にんにく，マッシュルーム。先週出ましたよ。

「マッシュルームって何？」「なに，なんで小麦粉なの？　ドロドロ系？」そんな声が飛び交っています。正解はビーフストロガノフです。続いて今度は入っていた材料を答える「材料当てクイズ」です。

昨日出た肉みそ中華麺には，体の調子を整えるもとになる食材が7種類入っていました。たまねぎ，しょうが，にんにく，ねぎ…では残りの3つはなんでしょう。

簡単なクイズですが，たまに行うと，食への関心が大きく高まります。ただし，おなかが減ってしまうので4時間目に行うのは禁物です。

夢中を引き出すあそび

あそび 45

体と心を温める
「ビブス鬼」

Point >>

タッチされた鬼が着ていたビブスの色によって移動方法が指定されてしまうというルールの鬼ごっこを楽しんでいるうちに，体と心が温まる。

体と心を温める

体育の準備運動では，体だけではなく，場や心を温めることも大切です。だらっとした雰囲気や冷たい空気感だと，子ども達も思いっきり活動に取り組むことができません。そこでよく行っているのがこの**「ビブス鬼」**です。

ビブス鬼の３つのルール

このビブス鬼には大きく分けて３つのルールがあります。１つ目は**ライン上移動**です。体育館にはバスケットボールやバドミントンのコートなどたくさんのラインが引かれています。それを生かしてラインの上だけしか走れないというルールを設定しています。ショートカットも，飛び移ることも禁止です。このルールによって走るのが苦手な子でも捕まえることができます。

２つ目は**移動方法の指定**です。鬼にタッチされると，その鬼が着ていたビブスの色によって移動方法が指定されるのです。例えば赤いビブスは赤ちゃん鬼。タッチされたら移動方法がハイハイに変わります。紫ビブスは毒鬼で，タッチされたらその場にバタンと倒れて動けません。手をきらきらさせながらスキップで移動しなければいけないキラキラ鬼や，桃の形を作って上下しながら動かなければならないどんぶらこ鬼，体育館にあるビブスの色に合わせて，様々な鬼を考えることができます。また，鬼の指定は重複するので「キラキラしながらハイハイ」なんていうこともありえます。

そして，そんな指定を解除できるのが３つ目の**リセットルール**です。白いビブスを着た「リセットマン」にタッチされたらすべての指定を解除してもらうことができます。すべての鬼が人気ですが，特にこのリセットマンは大人気。白いビブスを手にすると「やりたい！」とたくさんの手が挙がります。みんなに感謝されるヒーローのような役割にどうやら人気が集まるようです。色んな子に鬼役が行きわたるようにビブスを配るのですが，なんとなく浮かない顔をしている子や，どことなくみんなから受け入れられていないような子がいた時には，このリセットマンをお願いするようにしています。

Recreation 夢中を引き出すあそび

あそび 46
思いっきり自分を解放できる
「めくリアクション」

Point »

「今までで一番笑った」と言った子がいたほどに，カードにあったお題を仲間と表現するこのあそびに子ども達は夢中になる。

めくリアクション　15～30分　カード

❶ 「納豆」「強風」などお題が書かれたカードを用意する。30～40枚程あるとよい。

❷ カードを裏向きにして、床に散らばせる。

❸ 曲に合わせて班ごとに移動。カードを一枚選んでめくり、みんなでお題を確認する。

❹ めくったカードに合わせたお題をみんなで表現。表現し終わったら次のお題を探しに向かう。

表現運動と飲み会

まだ20代のころに一度，表現運動の講習を受けたことがありました。具体的な内容を覚えているわけではないのですが，ただ１つ「表現運動には飲み会と同じ面白さがあります」という一言が心に残っています。自分を解放するのにアルコールの力を借りる大人と同じように，子どもも表現運動をすることで思いっきり自分を出すことができるというわけです。

適切な表現かはさておき，思いっきり自分を解放する難しさと，面白さを見事に表している言葉だと思います。今回はそんな自分を解放する楽しさを味わうことができる**「カードめくり」**というあそびを紹介します。

自分を解放する経験

表現の単元が近づくと，いつもわくわくした思いでマジックを取り出します。子ども達が汗をぬぐって笑いながら，思いっきり表現をしている様子が目に浮かぶからです。まずはシンプルな「大雨」や「洗濯機」，それから少し曖昧な「納豆」「ポップコーン」…定番のものをいくつか入れます。それから今度は空想シリーズの「地面が1000℃」「壁がＮ極，私はＳ極」「右足だけ300kg」…お調子者達が，大活躍してくれることでしょう。そして「ゴリラ軍団，町に出る」「ゴリラ軍団，スマホに出会う」「ゴリラ軍団，はじめてのカフェ」と鉄板のゴリラ軍団シリーズを書いていきます。

こんなふうに作成しておいた40枚ほどのカードを体育館にばらまき，BGM を流してゲームスタート。グループでカードを選んでめくり，みんなでそのお題を表現します。ただそれだけのシンプルなルールなのですが，このあそびはとにかくはずれがありません。過去十数回，１年生から６年生まで，必ず子ども達は大喜びしながら，体育館を走り回り，壁に引っ付き，ゴリラになりきっていました。表現運動はおろか「今までで一番笑った」と言った子がいたほどです。もしかしたらそれだけ子ども達は，思いっきり自分を解放するという経験がないのかもしれません。

夢中を引き出すあそび

あそび 47
習ったことをアウトプットできる
「復習ビンゴ」

Point >>

あそびの準備として，習ったことを思い出し，書き出す時間がアウトプットの機会になる。

復習ビンゴ

15～30分 / 紙と鉛筆

❶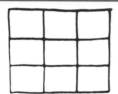
紙にマス目を書く。答えがたくさん浮かぶものなら5×5，浮かばないものなら3×3が望ましい。

❷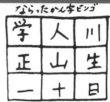
お題に合う言葉や文字をマス目に書いていく。何が出されるか予想して書くとよい。

❸
教師がお題に合う言葉や文字を順に言っていく。言われたものがあったら線を引く。

❹
縦・横・ななめのいずれかが全て揃ったらビンゴ。子ども達が順に答えを言っていっても面白い。

夢中を引き出すあそび

あそび 48

重さの感覚を楽しく身に付ける
「目方でドン！」

Point >>

「意外に重たい」「予想とぴったり！」など仲間と相談しながら和気あいあいとした雰囲気の中で重さの感覚を身に付けることができる。

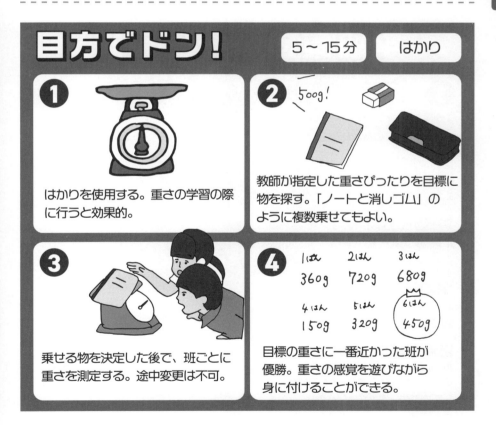

子ども達が創り出すあそび

Explanation

解説
16
自治的な学級に近づくためには どうすればいいか

Point >>

温かさを自分達で醸成できるように指導しながら，少しずつ子ども達
にリーダーシップを手渡していく丁寧な過程が重要。

学級集団の発達段階

河村（2010）

混沌・緊張期
児童同士に交流が少なく学級のルールも定着していない。

小集団成立期
ルールが徐々に意識され交流も活発化。しかし、その広がりは小集団内に留まる。

中集団成立期
ルールがかなり定着。リーダーがいる小集団が中心。学級の半数が一緒に行動できる。

全体集団成立期
ルールがほぼ定着。流れに反する一部の児童、小集団とも折り合い、ほぼ全員で行動できる。

自治的集団成立期
ルールが内在化。温和な雰囲気の中で自他の成長のために協力できる。全ての児童がリーダーシップを発揮している。

赤坂（2013）

緊張期
教師と子ども同士の人間関係ができておらず教師も十分に指導力を発揮できない状況。

教師の指導優位期
ルールの定着とともに、教師と子どもの関係が構築されはじめる。教師との関係性が荒れ始めると、学級が荒れ始める。

子どもの自由度増加期
ペア・グループ活動が成り立つ段階。しかし、子どもに委任した形での学級活動はまだできない。子ども同士の関わりが増え活気が出る。

自治的集団期
子ども達のネットワークが増え、誰とでも話せる、協力できる。価値観が内在化されていて、みんなでイベントを創り上げたり問題を解決したりできる。

「任せる」ことの落とし穴

　自分達で方法を選ぶことができたり，何をするか決めることができたり。そんな子ども達の主体性を大切にした活動や学習が広がりを見せています。こうした子ども達に羅針盤を渡していくような考え方は，学級経営の視点から見てもとても望ましいことです。例えば，学級集団の発達過程を5段階に整理した河村（2010）はその最終段階を**「自治的集団成立期」**としています。子ども達が自分達の問題を自分達で解決できる状態が，学級経営の理想といえるのです。

　しかし，これはただ子ども達に舵を任せればよいというわけではありません。河村（2001）は**「教示的→説得的→参加型→委任的」**とリーダーシップの性格を徐々に変えていくことが集団の成長を引き出すと述べています。また同様に，学級集団が成長していく過程を4段階に整理し最終段階を自治的集団期とした赤坂（2013）も，その前段階の**「子どもの自由度増加期」**では，教師の指導性を残しながら自由度を高めていくことを重要視しています。確かに子ども達に任せていくような活動を広げていくことは大切なのですが，そこには子ども達に少しずつリーダーシップを手渡していく丁寧な過程が必要になるのです。

何ができたら「自治」といえるか

　自治的な集団を志向していく時にもう一つ気を付けなければいけないことは，そこに温かさがあるかどうかということです。先生の目を気にしながら，自分達で注意し合い，ルールを守って生活できることを"演じて"いてもそれは自治とは呼べません。目指すのは**「温和な雰囲気の中で」「先生に言われるからそうしているのではなく，子ども自身がその状態を心地よいと感じ，自らの判断でそう行動している」状態**です。自分達で温かさを醸成しながら，心地よいと感じる時間を過ごすことができてはじめて自治的な集団と呼べるのです。

子ども達が創り出すあそび

解説 17　イベントの計画を，自治への第一歩に

Point >>

「みんなを楽しませたい」「どうしたら面白いかな」というあそび心を，特定の子だけではなく，全員にもってほしい。

計画シートとチェックポイント

イベント・キャンペーン計画シート		
	係	日時・時間の希望
開きたいイベント・キャンペーン		
詳しい計画		
開く理由（クラスのためにどんな良いことがあるか）		
先生にしてほしいこと・お願いしたいこと		

✓ **計画の具体性**
「まず○○をして次に〜」「〜なった場合は」など計画が具体的になっていないと、本番あたふたしてしまう。

✓ **全員参加の保証**
できない人がいないか、一部の人だけが活躍して終わってしまわないかを確認し、みんなが参加できるようにする。

✓ **参加者目線**
活躍のチャンスが全員にあるか、待ち時間は長すぎないか、説明は分かりやすいか等参加者の立場に立って考えてみる。

✓ **チーム分けのランダム要素**
運営側への余分な批判を防ぐため、初めは「教室の縦半分」「横半分」「班別」からくじで決定などランダム要素を入れるとよい。

指導性を緩めていくことができる計画シート

　自治的集団に近づいていくためのポイントは，その前段階の丁寧にリーダーシップを手放していく過程にあります。子ども発案の活動を促し自信を付けさせながら，同時に自分達で温かな時間を創り出すために必要なことを指導できれば，集団の自治的能力を高めていくことができます。

　そこで活用しているのが左図の**「イベント・キャンペーン計画シート」**です。本学級では係活動の枠組みで利用していますが，プロジェクトや会社形式の実践でも活用できるでしょう。このシートは子ども達が書く企画書のようなもので，この企画書を作成し，担任の承諾を得た後に，みんなに告知することによってイベントやキャンペーンを開くことができます。

　この企画書システムは提出する段階で，どんなイベントにしたいのか，みんなのためにどんな良いことがあるのか，具体的にどうやって進めていくのかを事前に確認することができるので，子ども達の主体性ややりがいを奪うことなく，そのサポートができるようになります。

「あそび」の独占禁止

　ちなみに，本学級では「あそび係」「なぞなぞ係」というようなあそびを提案することだけを仕事にしている係は置かないようにお願いしています。子ども達は将来きっとどこかで，誰かを楽しませたり，温かな時間を自らつくり出したりすることが必要になる時が来ることでしょう。テーマパークや，おもちゃ会社だけではなく，町のパン屋さんも，近所のガソリンスタンドも，役所の人達も，みなどこかであそび心を発揮しています。ましてSNSとの結び付きがどんどん強まっていく現在ではより創造的な働きが必要です。ですから「みんなを楽しませたい」「どうしたら面白いかな」というあそび心は，**特定の係だけではなく，全員にもってほしい**と思うのです。クラスの根幹として役割を担いながら，さらにみんなを楽しませていくことを計画していくような，そんな姿を全員に期待しています。

子ども達が創り出すあそび

解説
18 他者視点に立った
クイズの作り方

Point >>

「みんなが楽しめるにはどうすればいいかな」と試行錯誤させることで他者視点に立つことの大切さを伝えたい。

○○クイズの回答法一覧

選択 × 挙手

人数比が把握できるが、間違えた人が目立つ。わざと間違えるお調子者が出てくると吉。

選択 × 指で示す

正解者にスポットライトが当たらないが、その分間違えるリスクも少ない。盛り上がりには少し欠ける。

記述 × 班で相談

テンポは悪くなるが、相談自体が盛り上がるので、なぞなぞや謎解き系に適している。

回答 × 早上げ

テンポがよく、また選択肢を練る必要はないが、考えている間に答えが出てしまうので参加度が下がる。

クイズ一つに表れる他者意識

　はじめにイベントを開こうとしたのは「学習係」でした。どうやら昨年も係活動に熱心に取り組んでいたようです。しかし，気がかりなのは彼らから聞こえてくる言葉。なんだか自分達がパソコンや勉強が得意だということをアピールしたいように感じられます。**クイズ一つでも，他者視点に立てていることは大切**で，みんなのためになるかなという気持ちで準備をしないと，ついつい難しい問題が並んでしまいます。そんなことを計画シートを作りながら少しずつ伝えていきました。

どの子も大切にするという価値を伝える

　イベントは，そんなやりとりと学習係の入念な準備によって最後までスムーズに進行されました。しかし，全く問題点がなかったわけではありません。係の子達がこの日行っていたクイズは，早く手を挙げた人が指名されるという早上げ制。そのため一部の知識が豊富な子ども達が，係の子とキャッチボールをするように答えていく構図になってしまったのです。そこでイベント終了後にこんなフィードバックを返しました。

　学習係のみんなありがとう。しっかりと準備したことが分かりました。それから，学習係の中に「俺も分かんない！」って言っていた人がいましたね。面白かったし，勉強が苦手な人はホッとしたと思います。教室にはいろんな人がいるからね。ちなみに学習係のみんなはどの問題が一番盛り上がったと思った？

　子ども達は声を揃えて勉強の中に混ざっていたなぞなぞだと答えました。

　そうだね。もちろん勉強じゃなかったからよいというわけではなくて，あの問題だけはみんなにチャンスがあったから，気持ちが参加していた人が多かったんですね。みんなが楽しめるって奥が深いです。4択がいいのかな，チームで相談にすればいいのかな，そんなふうにたくさん考えてみてください。

　学級にはいろんな子がいること。そして，どの子も大切にされるべきであること。そんな大切な価値観をイベントの計画を通して伝えていきます。

Recreation

子ども達が創り出すあそび

あそび 49 みんなで改善していった「シッティング風船バレー」

Point >>

やってみないと分からないことはたくさん。うまくいかないことは、みんなで話し合って改善していけばよい。

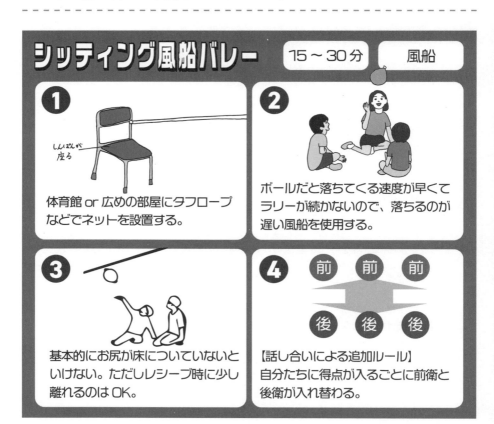

シッティング×風船という配慮

続いて，体育係の子ども達が**「シッティング風船バレー」**を企画していきました。中心はバレーが好きなコウタロウ君です。「落ちるのが遅い風船ならみんな楽しめるし，座っていたら差も出ない」と彼の言葉から苦手な子への配慮が感じられたので，週末の20分を彼らに託してみることにしました。

計画通り，風船バレーは大熱狂。落ちてくるのが遅い分，苦手な子達も風船に触ろうとしています。しかし，みんなが夢中になってしまう分，前列にいる子ばかりが風船に触ってしまうという問題が起きていました。

すると一人の児童が「後ろの子がさ，触れていないんだよね」と伝えにきてくれました。話を聞いていた数人達も頷いています。ここで介入してルールを変えるのは簡単ですが，それでは体育係の面目をつぶしてしまいます。

みんなで改善していく

そこで「どう，思ったように進んでいる？」と体育係の子ども達に声をかけてみました。「盛り上がっているけど，楽しめていない人がいる気がする」と答えるコウタロウ君。運営しながら違和感に気づいていたようです。話し合いの末，みんなから改善ポイントを聞き出すことが決まりました。

「なんかやりづらいところがあったら教えてください」とコウタロウ君が尋ねると，先ほど私のもとに伝えに来た児童がすっと手を挙げ「触れていない子がいるから，その子達も触れたらいいと思うんですけど…」と意見を伝えてくれました。他にも「じゃあ場所を途中で入れ替わったら？」「全員触ったらＯＫは？」などと色んな意見が出た結果「得点した後，前列と後列が入れ替わる」「回数制限はなし」というルールが追加されました。

やってみないと分からないことはたくさんあります。うまくいかないことも当然ある。でも，それを文句としてではなく，計画してくれた子達の気持ちを考えながら伝えていけば，みんなでよい形に変えていくことができますね。

みんなで考えながら改善していくこともイベントの醍醐味の一つです。

子ども達が創り出すあそび

解説 19　学級のための提案を，みんなで協力して実現していく

Point >>

自治的な集団に近づくためには，参加する側の子ども達への働きかけも大切になる。

参加者の協力が温かな場を創る

【拍手で出迎える】
前に誰かが立ったら、拍手で出迎え場の雰囲気を変え話しやすくする。

【足りないときの裏回し】
説明が足りていないと思ったら質問や確認をしてトラブルを未然に防ぐ。

【リーダーシップを奪わない】
前で誰かが話しているのであれば、その人に任せてフォローに回る。

【忠告は思いやりをもって行う】
パニックにならないように忠告はタイミングを見てこっそり行う。

お客様目線から脱する

　誰かの発案を前向きに受け止め，みんなで実現していけるような，自治的な集団に近づくためには，イベントに参加する側の子ども達への働きかけも大切になります。そこで，初めて子ども達による計画を行った時には次のような話をするようにしています。

　こういうイベントをしていると，ついつい文句を言ったり，不満に思ったりしてしまうことがあります。でも，今前に立っているのはあそびをつくるプロではなくみんなと同じ〇年△組の仲間です。この場を上手に動かしたり，盛り上げたりする学習としてこのイベントをしています。そして，みんなもお金を支払って遊ばせてもらいに来ているお客様ではありません。みんなは自分達でよりよい場をつくっていくための勉強をしています。拍手一つ，話しのきき方一つでこのイベントの雰囲気は全く違うものになります。

発案者だけではなく，全員でこの場を良いものにしていくことが大切であることをこうして最初に示しておきます。

どんな雰囲気で発案を受け止めるか

　色々なサービスが行き届いている現代では，ついつい子ども達にもお客様目線がしみついてしまっていることがあります。しかし，その目線をそのままにしておくと，誰かの提案に批判ばかりしたり，誰かに任せっきりにしてしまったりして，自治からは遠ざかってしまいます。大切なのは，**その場をみんなで良いものにしていこうとするような温かな雰囲気**です。

　もし，みんながそうやって前向きに参加できたら，前に立っている人達はまた楽しい企画を考えたい，みんなの前に立ちたいと思えます。でも，みんなに真剣に話を聞いてもらえなかったり，文句ばかりを言われてしまったりしたら，もうみんなの前には立ちたくない，と自信をなくしてしまいますよね。

　クラスのためにしてくれた提案を，みんなで協力して実現していく。子ども達発案のイベントを実施しながら，そんな時間をつくりたいと思っています。

子ども達が創り出すあそび

あそび 50

ルールの穴を思いやりで埋めた
「競歩リレー」

Point >>

細かなルールで縛らなくても，みんなの温かさがあればあそびは成立していく。

アイデアを探し続けるコウタロウ君

「先生オリンピック見てる？ あれ見てると次々イベントが湧いてくるんだ」——東京オリンピックが盛り上がりを見せる中，コウタロウ君の頭の中は係のイベントのことでいっぱいだったようです。シッティング風船バレーをみんなで成功させられたことが良いきっかけになったのでしょう。「競歩ってあるじゃん。あれ，めっちゃすごいんだよ。でもみんなやったことないよね。ってことは公平じゃん。どうなるか分かんないよね！」と，とにかくみんなが公平にできるものを探していた彼らは，仲間とともに「競歩リレー」というあそびを企画しました。ただ彼はルールのジャッジについてずっと悩んでいました。本物の競歩には審判がいるけれど，自分達ではそれは不可能だというのです。確かにルールを細かく設定しても，それを徹底することは難しく，逆に不満や文句が生じてしまうおそれがあります。

思いやりには，思いやりが返ってくる

そこで思いきって「もうそのまま，これをされるとつまらないから，お願いってみんなに伝えてみたら？」と提案しました。今なら，彼らのまっすぐな気持ちがみんなに伝わると思ったのです。

正直，このルールを全員分確認することは多分できません。でも，それをされると面白くないんだよね。だから，お願いします！

ルールの穴を正直に説明し，頭を下げるコウタロウ君。補足をしておこうと「係の人達が，どんな思いでこれを調べて，みんなに提案したのかを考えたら，そんなことはできないよね」と言うと，大丈夫だよと学級のみんなが笑っていました。「これで破ったら最悪じゃん」と言っています。

今までの計画や，今回説明されたルールから感じられる全体への思いやりがみんなの善意を生んだのでしょう。思いやりには，思いやりが返ってきます。**細かなルールで縛らなくても，みんなの温かさであそびが成立する**ようになっていくのです。

子ども達が創り出すあそび

あそび 51

細やかな設定が見事な
「E・D・G（絵当て伝言ゲーム）」

Point »

ユウキ君の色々な思いが詰め込まれた「E・D・G」。このあそびにかける思いが事細かな計画から感じられた。

E・D・G（絵当て伝言ゲーム）　20〜40分　紙と鉛筆　ホワイトボード

❶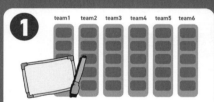
列対抗で行う。紙と鉛筆、またはホワイトボードを用意。並び順は話し合って変えてもよい。

❷
「カバ」「アイス」などのお題を決め先頭の人に伝える。写真をテレビに映すと苦手な子もやりやすくなる。

❸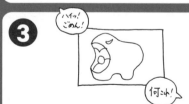
制限時間は30秒。時間になったら後ろの人に絵を見せる。後ろの人はそれを見ながら自分の紙に書く。

❹
伝言ゲームのように後ろへ後ろへと伝える。最後の人は答えを予想し記入。みんなで答え合わせをする。

「やってみようかな」の増加

　こうして，係イベントが温かな雰囲気で行われるようになると**「自分もやってみようかな」**という気持ちをもつことができる子どもが増えてきます。ユウキ君もその一人。他の係の子の取り組みに文句を言ってしまったり，やりたくないと漏らしてしまったりしたこともあったユウキ君ですが，周囲の様子を見ていて，自分でもやってみようという気持ちになったのでしょう。同じ新聞・手紙係の子ども達に声をかけて計画を始めました。

　数日後，ユウキ君が出してきた計画書はとても素晴らしいものでした。タイトルの設定や，細かなルールの設定がとても上手に書かれていたのです。時間を大切にしようとしている姿勢，丁寧な言葉づかいで教師へのお願いが書いてあるところにも好感がもてました。また，「同点だった場合は〜」のように展開ごとに計画がびっしりと準備されています。トラブル続きでなかなかみんなに受け入れられていないことを悩んでいたユウキ君が，どんな気持ちでこのシートを書いたのかを考えると，胸がつまる思いがしました。

丁寧に練られた EDG

　彼らが計画したのは絵当て伝言ゲーム。略して「EDG」だそうです。「新聞・手紙係だから，伝言ゲーム」という着想の理由はよく分かりませんが，TKG（たまごかけごはん）をもじったネーミングはなかなかのセンスです。特に見事だったのは難易度の調節で，選んできたカバの画像と，一筆書き限定と言うルールが，みんなをちょうどよく困惑させていました。また「正解を目指してほしいけど，うまく書けなかった人を責めることはしないでください」と補足があったので，みんなで笑い合うことに重きが置かれるようになっていました。

　「素晴らしい計画だったね」と声をかけるとユウキ君は恥ずかしそうに笑っていました。丁寧に書かれた計画シートは，書き方の見本として掲示しておくことにしました。

子ども達が創り出すあそび

あそび 52

メンバーの"らしさ"が光った
「GIGA宝探し」

Point >>

「自分と違っていて面白い」という他者を見る目が，みんなの自分らしさを輝かせる。

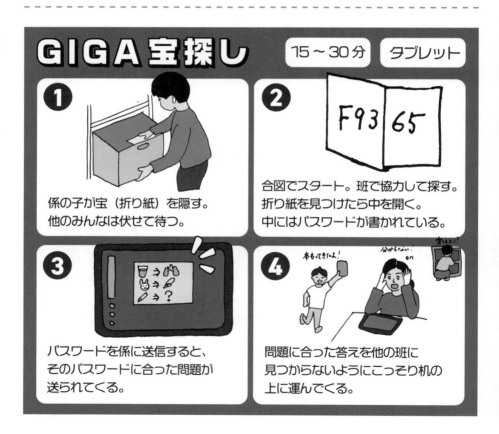

誰とでも頑張れる係がいい

　ただ，係活動を進めていく際にどうしても気になるのは，仲の良い子同士で同じ係になることが多いということです。趣味嗜好の合う相手と同じ係であれば意見も揃いやすく，また，一緒にいる時間も多いのでその分活動が活発になるのかもしれません。しかし，普段は一緒にいない相手と力を合わせたり，違う視点から意見を言い合ったりする経験も大切です。

　ですから，係を決める時に**「誰かと一緒だからではなく，自分一人でも，どんなメンバーとでも頑張れるものを選べるといいね」**と伝えています。はじめは難しいのですが，いつもと違う相手と協力する良さを実感できると，だんだんと自分一人で物事を決めていくことができるようになります。

メンバーの背中を押したヒナタさんの目

　陽気で活発なヒナタさんも，はじめは同じように活発な女子何人かといつも一緒に過ごしていました。しかし，2学期に自分が中心になってイベントを運営して以来，だんだんと自分の気持ちを優先できるようになっていました。そんな中迎えた3学期の係決めでは，パソコン大好き男子達の熱い思いで増設された「タブレット係」に女子一人で飛び込んでいきました。後からどうしてタブレット係を選んだの？と尋ねると「私と全然違う人しかいないから面白いかなーと思ったんだよね」と笑って答えてくれました。

　そんな彼女が早速企画してきたのが，この**「GIGA宝探し」**です。子ども達が大好きな宝さがしのゲームに，タブレットPCの活用を追加。見つけたパスワードを送ると，代わりにクイズ問題が送られてくるというわくわく感溢れる設定でした。当日も話すのが得意なヒナタさんが全体を取り仕切り，他のメンバーはPC軍団としてパスワードの受信や受付を担当します。人前に立つ機会が少ない彼らがこんなに活躍しているのを見るのははじめてでした。きっと「私と違っていて面白い」とその良さに目をつけてくれたヒナタさんの存在が，彼らの背中を押したのだと思います。

143

Recreation / 子ども達が創り出すあそび

あそび 53

みんなを温かく照らす
「巻き込み挨拶当てクイズ」

Point >>

みんなを明るく照らしたいという気持ちがあふれるあそびが，陰キャラ・陽キャラの区分をなくしていった。

巻き込み挨拶当てクイズ　5〜15分　タブレット

① あいさつの声を録音する。この時にダミーの声を1〜2人混ぜておき，残りの人は誰かを問うクイズを作る。

② 録音した音声を教室で流し、誰の声が新しく混ざっているかを出題する。

③ 人数を増やし「誰と誰が混ざっているか」などすると難易度が上がる。

④ 一部の取り組みにならないよう、全員に声掛け、全員から募集などみんなに参加権があるとよい。

パーリーピーポー係

　先ほどのタブレット係の他に，この３学期にもう一つ新たな係が誕生していました。なんと名前は「パーリーピーポー係」。今まで見てきた係の中でも一番ふざけた名前の係でしたが，一番温かな係でもありました。

　この年の子ども達は，陽気な子が多い反面，控えめな子が浮き彫りになってしまい，子ども達の中に「陽キャ」と「陰キャ」という区分がはっきりとできてしまっていました（当時の子達はこれをなぜか「パリピ⇔真面目」という名前で区分していました）。「真面目は悪いことじゃないし，そもそもパリピってなんだよ」と思いながら，ことあるごとに小言を言っていたのですが，なかなか子ども達の考え方は変わっていきませんでした。

みんなを照らす陽ざしのように

　そんな中迎えた２学期の係決めの日。チカさんが突然「パーリーピーポー係をつくったら」と言い出しました。自分が「パリピ」だと思っている何人かの子ども達は「いいね！」と乗り気です。しかし，分け隔てなくみんなと仲良くすることができるチカさんの考えは少し違うものでした。

　パリピがなんだかよく分かんないけど，みんなを元気にできるってことでしょ。だから朝に挨拶したりさ，なんかそういうのいいと思って。

　そんなチカさんの声に満場一致でパーリーピーポー係が決まりました。
　そして，毎朝の挨拶に続いて企画されたのがこの**「巻き込み挨拶当てクイズ」**です。チカさんが誰かを巻き込み，一緒に「おはよう」と言っている声を録音し，その音声データから誰の声かを当てるというあそびです。

　計画シートが提出されてから数週間。やけに準備に時間がかかっているなと思い声をかけると，なんと学級の全員に声をかけていたことが分かりました。「だってさ，誰かだけでやったら違うじゃん」と言うのです。陰陽のキャラ区分は必要ありませんが，それでも「陽」であることを志向するのであれば，彼女達のようにみんなを明るく照らす存在であってほしいと思います。

子ども達が創り出すあそび

あそび 54 宝さがしにもうひとアレンジ「ワードハンター」

Point >>

子ども達が大好きな宝さがしに「言葉をつくる」という要素を付け加えることで、考えたり相談したりする場面が生まれるようになる。

ワードハンター　15〜30分　自作カード

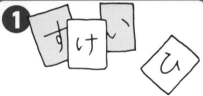

❶ ひらがなを書いたカードを準備する。「い」や「う」などの母音が多めにあるとよい。

❷ 進行役がカードを教室に隠す。その間、参加者は隠した場所が分からないように机に伏せて待つ。

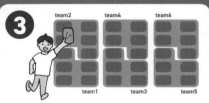

❸ 班のメンバーと協力して隠されたカードを探す。カードが集まったら書かれた文字をつなげ言葉をつくる。

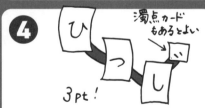

❹ つなげてできた言葉の文字数分のポイントが入る。一番長い言葉をつくれた班が優勝。

あそび 55

定番のあそびが自作カードでバージョンアップ
「だるころ」

Point >>

係の子達が一生懸命考えた自作のカード。その思いが通じたのか，細かなルールを破ろうとする子は一人もいなかった。

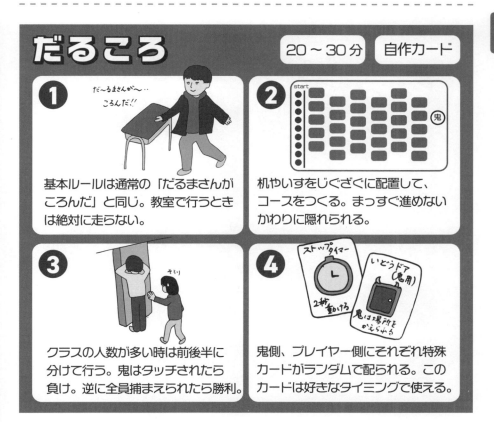

だるころ 20〜30分 自作カード

❶ 基本ルールは通常の「だるまさんがころんだ」と同じ。教室で行うときは絶対に走らない。

❷ 机やいすをじぐざぐに配置して、コースをつくる。まっすぐ進めないかわりに隠れられる。

❸ クラスの人数が多い時は前後半に分けて行う。鬼はタッチされたら負け。逆に全員捕まえられたら勝利。

❹ 鬼側、プレイヤー側にそれぞれ特殊カードがランダムで配られる。このカードは好きなタイミングで使える。

非日常を生み出すあそび

解説 20
失われたフェスティバル文化とその代償

Point »

一見馬鹿げて見えるあそびの文化が人間がもつ攻撃性を積極性や挑戦心，人と自然に関わる力に転化させる。

不易と流行

　私も教員になって13年が経ちました。13年という月日は意外に長いもので，初任の頃には「当たり前」だった活動が，いくつも「適していない」活動に変わっていきました。見方が更新されていくことは必要なことですから，その変化に反対するつもりは全くありません。しかし，その“適していない”とされた活動にどんな願いが込められていたのかということは忘れてはいけないと思うのです。もしそこに子ども達にとって必要なものがあるのであれば，代わりになる何かを考える必要があるのではないでしょうか。

馬鹿げたフェスティバル文化

　中でも特に危惧しているのは，金森（2005）が述べた**「馬鹿げたフェスティバル文化」**が消失していることです。金森は，仕事に疲れた大人は，自分と仲間を癒すべき晩酌や，カラオケなどの娯楽をはじめとした馬鹿げたフェスティバル文化をもっているのにもかかわらず，同時代を生きる子ども達は，テレビゲームやインターネットなどささやかなひとりぼっち的な機械になぐさめてもらう文化しかもっていないと主張し「できうる時間と方法を駆使して，今の子ども達に一見馬鹿げたフェスティバル文化を復権させたい」と力強く述べています。一見馬鹿げたあそびの文化が人間がもつ攻撃性を積極性や挑戦心，人と自然に関わる力に転化させるというのです。そして，こうしたあそびが「学校では積極的に見直されていない」ことを憂いています。

　この本が発行されてから20年。もし金森氏が今の子ども達を見たら何と言うでしょうか。コロナ禍が“明けて”大人達の飲み会やレジャーが再び活気を取り戻しても，公園で無邪気に騒ぐ子ども達は姿を消したまま。学校にはまだマスクを取ることができない子ども達が何人もいます。「積極性」や「挑戦心」，「人と自然に関わる力」を分かりやすく失った子ども達を目にするたびに「できうる時間を駆使して，一見馬鹿げたフェスティバル文化を復活させたい」という氏の主張が蘇ります。

第7章　非日常を生み出すあそび

非日常を生み出すあそび

解説 21 非日常を味わう紙ヒコーキ大会

Point »

一緒に驚いたり，手を叩いて笑ったりした非日常の時間は，子ども達の心に強く残っていく。

紙ヒコーキ大会　90分　紙

1
- 一人一機を飛ばす
- A4の裏紙1枚でつくる
- 何かを貼るのは禁止
- 使っていい紙は合計10枚

1時間後に紙ヒコーキ大会を開くことを伝える。調べる前に細かなルールを確認しておく。

2

まずは研究と試作の時間。折り方を調べたり、試行して微調整をしたりする。

3

今度は勝負の時間。各班一人ずつ投げていき、上位から得点を付ける。全員投げきるまで行う。

4

ポイントは先にどうすれば楽しめるかを共有しておくこと。参加の仕方を大切にする。

非日常を味わう紙ヒコーキ大会

授業参観を理由とした土曜授業日。朝は「土曜日も学校あるのきついな」とどこか後ろ向きな発言をしていた子ども達でしたが，たくさんの保護者の方を前にいつも以上に頑張って学習に取り組んでいました。これで気持ちよく帰れればよいのですが，まだ下校まで2時間残っています。

ここから教科の勉強をしても，正直なところ学習効果は望めません。それに，せっかく土曜日に学校に来たのですから**いつもと違う非日常の体験**をしてほしいと思いました，そこで思い切って残りの2時間を使った「紙ヒコーキ大会」を開催することに決めました。

心に残る馬鹿げた非日常

まず1時間は「研究と制作の時間」です。インターネットを使ってよく飛ぶ飛行機の作り方を調べたり，距離が出るように微調整をしたりしながら，人数分の飛行機を制作します。また，グループ対抗戦なので，自然に話し合いも盛り上がります。「集まって，めっちゃいい折り方見つけた！」という声を聞いて輪になって座るグループ，なぜだかチーム名決めに盛り上がっているグループ，小難しい論文を必死に理解しようと苦戦しているチーム…どのグループの子達も普段は見せないような生き生きとした顔をしています。

さあ，そして2時間目は「勝負の時間」です。まずは，みんなで勝ち負けを楽しむものであること，失敗を責めることがないようにということを全体で確認をしてから本番に臨みます。6グループが同時に投げる勝負を計6回。一番飛んだ飛行機を投げたグループに3点，2番目，3番目に飛んだグループに2点，1点がそれぞれ入ります。意外な子がたくさん飛ばしたことに驚いたり，気合を入れて投げた飛行機がすぐに墜落してしまったことに手を叩いて笑ったり。みんなで楽しんだ非日常の時間は，子ども達の心にも強く残ったようで，その日の日記には授業参観を差し置いて「紙ヒコーキ大会」のことばかりが書かれていました。

非日常を生み出すあそび

あそび 56

対等と団結をつくり出す
「はちまきリレー」

Point >>

ちょっとしたルールやポイントからも，そのあそびに込められた教師の願いが汲み取れる。

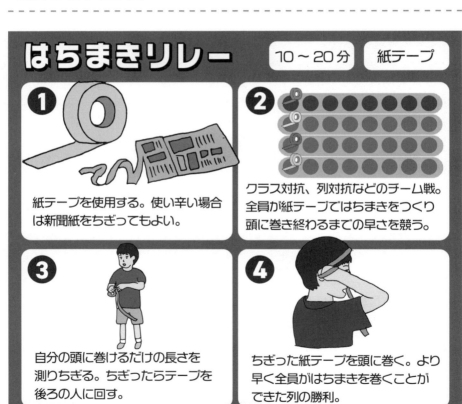

野外学習で一番楽しかったのは

「野外学習が本当に楽しかったと言って帰ってきました。中でもなんとかオリンピックがとても面白かったって…」2泊3日の野外学習が終わった後の懇談会で一番話題にあがったのは，雨天によって中止になった活動の代わりとして行った「室内オリンピック」でした。

梅雨時の野外学習ということもあって，雨が降ったら何をしようと話し合っていた時のことです。「室内オリンピックっていうのを前やったよ」と，ミズノ先生が資料を見せてくださいました。書かれている種目の面白さに驚いた私は「これやりたいです！」とすぐに答えました。

あそびから汲み取れる教師の思い

まず行ったのは，**「はちまきリレー」**。1本の紙テープをちょうど良い長さにちぎり，チームの証として同じ色のハチマキを創る種目です。紙テープをバトンのように順番に渡していき，最後の一人が巻き終わるまでの速さを競います。人数の違いもあったので，得点の入らない記念種目だったのですが，子ども達は大盛り上がり。同じようにハチマキを巻いている子と顔を見合わせながら嬉しそうに笑っていました。

一回一回頭に巻くよりも，ある程度の長さにテープをちぎり次の人に回した方が早いというポイントがあったり，一人が長さの基準を示せば次の人は迷わずちぎれるようになるという協力の芽があったりと，ところどころに隠されている工夫に唸ってしまいます。そして何より，こういう催しごとの初めに，対等と団結を示すハチマキをみんなで作るというあそびを用意しているところから，作られた方の思いが感じられます。

紙テープをたくさん使うという点が気になる場合は新聞紙をちぎってハチマキにしてもよいでしょう。ただ，この大会が終わった後も大切に紙テープをかばんにしまっている子ども達を見ると「もったいない」という気持ちはとても出てきませんでした。

153

非日常を生み出すあそび

あそび 57

対等な場への工夫と
「ちぎリンピック」

Point >>

誰が勝つか最後まで分からない工夫がとり残しをなくし，その場の高揚感をつくり出す。

ちぎリンピック（走り幅とび） 10〜20分 新聞紙

❶

チーム対抗 or 班対抗で行う。
各チームに新聞紙を1枚用意する。

❷

みんなで順番にちぎっていき、
伸ばしたときの長さで勝ち負けを決める。

❸

制限時間は一人30秒。合図で次の人と交代する。ちぎれてしまったら一番長いものが記録となる。

❹
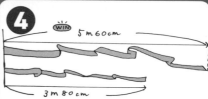
長さを測定して勝敗をつける。
どの向きで置くと一番長いのかも作戦のうち。

これでもかというくらいの対等な場への工夫

　さあ続けて100m走。もちろんただの100m走ではありません。走るフォームは仰向けで，テーブルのように手と足を床について走るのです。もう誰が速いか全く予想がつきません。加えておなかの上にボールをのせて，それが落ちないように走らなくてはなりません。勝負が絶対に最後まで分からないようにしたのでしょう。もちろん本当に100mを走るわけではないのですが。

　ストローを投げる「やり投げ」，風船を投げる「砲丸投げ」。ユーモア溢れる，そして誰が勝つか分からないあそびがどんどん続いていきます。面白いのはそれなりにコツが発見されていくところ。なぞの走り方にも，ストローの投げ方にもコツがあるのです。他の人が投げるのを見て，ああでもないこうでもないと自然に話し合っています。そして「室内オリンピック」という非日常の場が子ども達に高揚感と緊張感をもたらします。ミズノ先生の名進行もあって，風船を持つ子ども達の表情は真剣そのものです。

　どの種目も素晴らしいものでしたが，今回は教室で行いやすい**「ちぎリンピック」**を紹介しました。新聞紙を順番に手でちぎっていき，その長さを競う種目です。ちなみにこの室内オリンピックでは，距離を競うという点から「走り幅とび」という名前で行われていました。

特活教師の幻灯

　「先生，こんな面白いアイデア，どなたが考えたものなんですか」
　終了後，思わず訪ねてしまいました。

　「う〜ん，誰っていうか，みんなこういうのをもってたのよね。もっとこう，ゆとりがあったから。学校はもっと楽しい場所だったんです」

　そう教えてくださった先生の笑顔が少し寂しげに映りました。なぜ子ども達はあんなに生き生きと活動していたのでしょうか。そして，どうして子ども達はこの室内オリンピックが心に残ったのでしょうか。過去に置いてきてはいけないものが，そこにある気がしています。

非日常を生み出すあそび

あそび 58

恥ずかしさを超える
「ジェスチャーバトル」

Point >>

必要なのは「意外に大丈夫じゃん」と思えるきっかけ。恥ずかしさが一度取り払われると、堂々と自分の気持ちを表出できるようになる。

ジェスチャーバトル　15〜45分　紙切れ

①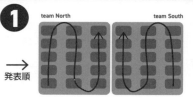

時間内にどれだけ伝えられるか勝負。座席をもとに教室を半分に分ける。まずは、小さな紙を配布。

②

相手チームが行うお題を書く。みんなが知っているものにする。単語・名詞のみ。

③

チームごとに挑戦する。選んだ紙に書かれたお題をジェスチャー。分かった人は答えを口に出す。

④

うまくできなかったら、次の番の人を助っ人で呼ぶ。それでもだめなら「もう一人呼ぶ」か「パス」をする

恥ずかしさの壁

　子ども達の前向きな行動を阻む壁として「恥ずかしさの壁」があります。手を挙げて間違えるのが怖いのも，発表するのが嫌なのも「恥ずかしさ」が理由の大部分を占めているのではないでしょうか。しかし，その恥ずかしさも一度取り払われると，嘘のように堂々と自分の気持ちを表出できるようになります。必要なのは**「意外に大丈夫じゃん」と思えるようなきっかけ**です。

みんなで恥ずかしさを超える

　学校の中でその役目を果たしてくれていたのは，学芸会でした。「やらなければいけない」けれど「楽しみでもある」場で，思いきって役を演じてみることできっかけをつかんでいく子ども達を，たくさん見てきました。

　しかし，その学芸会も近年は縮小傾向にあります。そこで少しでもその代わりになるようにと考案したのが**「ジェスチャーバトル」**です。行うのは，ある程度人間関係に慣れた２学期以降にしています。

　まずは教室を二つのチームに分け，配布した紙の切れ端にお題を書いてもらいます。書くものは名詞限定。「ヒマワリの種」や「走っている男の人」のように修飾語をつけることは禁止です。またキャラクターなどは「ピカチュウより知名度のあるもの」と説明しています。この辺りは裁量ですが，複雑ではなくみんなが分かるものの方が盛り上がります。逆に「納豆」のような食べ物や「兵十」のように授業で出てきたものは OK です。

　まずは廊下側チームのジェスチャーから。相手チームが書いた紙から一枚を選び，そこに書いてある言葉をジェスチャーで伝えます。分かった児童は正解と思う言葉を口に出します。先生は審判として紙の内容を見ておき，正解かどうかをジャッジします。また，お題がうまく伝えられなかった児童は「①パス」か「②次の番の人を助っ人として呼ぶ」ことができます。時間内にどれだけジェスチャーできたかを競い合うあそびですが，終わるころには得点のことも，そして恥ずかしさも忘れてしまっていることがほとんどです。

非日常を生み出すあそび

あそび 59 勝っても負けても笑い合える時間をつくる「学年カップ」

Point >>

勝負事を取り入れながら，勝っても負けても笑い合える時間をつくることを目標にする。

かなわないなと思った同僚

「かなわないな」と思った後輩が一人います。屈託のない笑顔と大きな笑い声からは想像もつかないような繊細な心配り。歩いているだけで，自然に子ども達が集まってきます。彼女の名前はノナカ先生（仮）。みんな先生のことが大好きでした。バスケットボールがラインの外に出たか，出ていないかで揉めていた血気盛んな男子児童も，彼女が両手で四角を描き「VAR！」と叫ぶだけで，スローモーションでリプレイをする小芝居を始めます。ちょっとした揉め事も，ノナカ先生の前では笑い話に変わってしまうのです。

勝ち負けを超えて笑い合える時間を

そんなノナカ先生と同じ学年を持っていた時のことです。この学年の子ども達の中には競技スポーツに取り組んでいた子ども達がたくさんいたこともあり，学年全体に「ちょっとした勝負ごとでも本気になってしまう」「できる子とできない子の間に壁ができてしまいがち」といった課題がありました。

そんな子ども達を見たノナカ先生から「なんか勝ち負けとかを超えて，みんなで笑い合えればいいんですけど」と相談がありました。核心をついたアイデアに感銘を受けたことを覚えています。

寛大な学年主任の後押しもあって，月に1回の「ノナカンズカップ」の開催が決まりました。矢面に自分を置くこともまた，彼女のセンスです。自分が前に立てば殺伐とした雰囲気が抑制されることが分かっていたのでしょう。みんなが対等に戦える勝負ごとを計画し，勝っても負けても笑い合える時間をつくることを学年の共通認識として，色々な企画を考えました。

特に彼女がこだわっていたのは**開会式**です。立候補とじゃんけんで決まった代表1名が「ノナカンズシップに則って，みんなで楽しく笑い合います」と誓うのです。時にBGMに合わせて登場し，時に学芸会で使った小道具を被って。必ずみんなで笑い合ってからスタートするのがノナカンズカップの約束となっていました。

Recreation

非日常を生み出すあそび

あそび **60**

くだらなく見えることで競い合う
「エプロンたたみ祭り」

Point »

目指すのはみんなで楽しむことが一番の目的になっている，世界のお祭りのような雰囲気。

エプロンたたみ祭り　15～30分　給食の白衣

①
エプロンを制限時間内にきれいに畳み規定数を積み上げてその高さを計測。より低いチームが勝ち。

②
制限時間は約2分程度。交互にずらして積むと低くなってしまうので、規定のボックスの上に積む。

③
人数が多い場合は「畳み」「仕舞い」など仕事を分けるとよい。

④
事前に知らせておくと、給食当番をするときに意識して丁寧にしまうようになる。

それはもう祭りである

　中でも特に心に残っているのが**「エプロンたたみ祭り」**です。運動が得意であるとか，知識が豊富あるといったような「いつも活躍する場がある子」だけではなく，丁寧にエプロンを畳んでしまっているような，当たり前のことを手を抜かずに頑張っている子にもスポットライトを当てたいと，この企画が決まりました。また「競争っていうよりも，もう祭りですよね」とくだらないことで競争しながらも，みんなで楽しむことが一番の目的になっている世界のお祭りのような雰囲気にしたいというノナカ先生の一言でこのネーミングが決まりました。

　クラスに次の種目が「エプロンたたみ祭り」であることを伝えると，その日から子ども達は自分の使ったエプロンを丁寧に畳むようになりました。また得意な子に教えを乞うたり，新たな方法を生みだしたり。開催前から協力的な姿が見られていました。こういったつまらなく見えることにも反応してくれる"ノリ"の良さも，このノナカンズカップで培われたところです。

足りない部分を突く思い切り

　それから１年後。ノナカンズカップで笑い合っていたことが嘘のように，日本中が感染症のパニックに陥ってしまったあの年のことです。転任したノナカ先生から偶然連絡がありました。「ノナカンズカップ，またやるの？」と聞くと，彼女は「いや，今年はやりません。１年生のみんなと縁日をすることにしたんです」と笑って答えてくれました。縁日こそが今，一番足りないことだと言うのです。いつも本質を見ているノナカ先生。「教育書が苦手で，なんか今は本屋で見つけた緑の本を読んでるんですけど，意外に役に立つんです」とカーネギーの『人を動かす』を読んでいたこともありました。そんな彼女のことですから，きっとこのフェスティバル文化の消失も見抜いていたのでしょう。この子どもに足りていない部分を見抜く繊細な視線と，本質を突く思い切りが，魅力的な実践を創り出すのだと思います。

非日常を生み出すあそび

解説 22 お楽しみ会というフェスティバル文化

Point >>

自治的な力が育ってきているのであれば，子ども達の手で特別な時間を創り出す経験をさせたい。

みんなで共創するお楽しみ会

❶
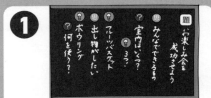
学級会で遊ぶ内容を決定する。みんなで楽しめるようにする、など目当てが共有されているとよい。

❷

決まった内容によって役割を分担。有志を募って行うときもあれば、みんな何かの役職に就く場合もある。

❸

それぞれ担当ごとに、お楽しみ会の本番に向けて準備を進める。

❹
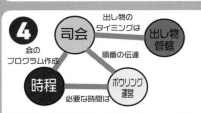
役割と役割の間で調整したり、打ち合わせしたりする必要が生じるのでよりクラス全体が協力するように。

子ども達の手で非日常を創る

　しかし，ここでこの章を終わるわけにはいきません。ここまで紹介してきた実践はどれも教師が先頭に立って行ってきたものばかりです。もちろん，学年や学級の現状やタイミングを考えてから，教師が先頭に立たなければいけないことはたくさんあります。しかし，もし子ども達に第6章で志向したような自治的な力が育ってきているのであれば，今度は子ども達の手で特別な思い出を創り出す経験をしてほしいと思います。これは教育振興基本計画の「他者とのつながりやかかわりの中で共創する基盤としての協調」という文面にもあてはまります。教師のしたい方向にぐっとついてくるだけではなくて，**自分達で何かを創り出せるような共創的な関わり**がこれからの時代では求められていくのです。しかし，これは真新しいものではありません。学校という場所にはこの「共創」を実現してきた文化が根付いています。

「お楽しみ会」という馬鹿げたフェスティバル文化

　みなさんは小学生時代，何を一番の楽しみにしていましたか？　体育や図工，クラブ活動や調理実習。もうかなり昔の記憶になってしまいましたが，それでも楽しかったことは忘れません。中でも，私の一番の楽しみは学期末の「お楽しみ会」でした。なんであんなに楽しみだったのかはよく分かりませんが，お楽しみ会の日は，いつもより軽いランドセルをかついで，飛び跳ねるように学校に向かっていました。逆にお楽しみ会をやってくれない先生は，それだけで敵とみなしてしまっていたほどです。行事の準備が忙しいとか，学習内容が多すぎるとか，そんなことは全く知りませんでしたから。みんなで計画をして，準備をし，時に踊ったり，歌ったり。自分達で創り出すあのわくわくとした時間が大好きでした。お楽しみ会というと，ただ遊んでいるように思えますが，その背景ではたくさんの共創が起こり得ます。自分達で話し合って，計画して，みんなで楽しめるひと時を創り出す。学期末のお楽しみ会は，**1学期間の学級経営の総まとめ**でもあるのです。

非日常を生み出すあそび

解説
23 お楽しみ会を共創するために必要なこと

Point »

自分たちの手でこの場を創り出したという実感をもたせるために，誰でも参画できるような役割を設定する。

学級会の司会グループ

司会

学級会を進める。流れに合わせて軌道修正できるとよいが、台本もあるので、初めは読むだけでもよい。

黒板

仲間の発言を黒板にまとめる。黒板に書けるとあって人気大。慣れてきたら短い言葉でまとめられる。

補佐

他の係のサポートをする。主に意見の分類を行い、意見の種類に応じたマグネットを貼る。
例：➕…賛成
　　💡…新しいアイデア

記録

記録となる掲示物を作成する。人前に立つのが苦手な子でもチャレンジできる。

共創するために大切なこと

　お楽しみ会を「共創」するためには，まず学級会などの話し合いによって会の計画を立てることがポイントになります。みんなで話し合って決めたという事実が大切ですから，一部の児童だけでなくみんなで話し合う時間を設けたいところです。特に本学級では，その学級会の運営も子ども達に任せるようにしています。会を進行する「司会係」だけではなく，意見を黒板に書く「黒板係」，司会とフロアをつないだり，黒板の意見を分かりやすく整理したりする「補佐係」に，その議事録を記入する「記録係」と，**様々な子ども達が参画できる仕組みをつくる**ことで，自分達で話し合いを進めているという思いを強められるようにしています。

みんなの手で創り上げたという実感を

　また，重要なのはこの話し合いが終わった後の役割分担です。例えば話し合いによって，お楽しみ会で「へびへびじゃんけん」「だるまさんがころんだ」「ペットボトルボウリング」をやることに決まったのであれば，それぞれのあそびの計画や運営をする「へびへび運営」「だるま運営」「ボウリング運営」に，会全体を取り仕切る「総合司会」，あそびとあそびの間をつなぐスキマ芸を取りまとめる「スキマ芸マネージャー」に，会場の雰囲気をつくる「演出」，時間の計算をする「タイムキーパー」など当日に向けてそれぞれが仕事を請け負うようにしています。こうして仕事を分担していくと，**みんなの手でお楽しみ会を創り上げていっているという実感**が強まります。

　お楽しみ会の準備の時，みんな真剣に考えていていいなと思った！　準備，大変…でも大変だったからこそ楽しいお楽しみ会になるんじゃないかな！　みんなで楽しくできるように頑張ろー!!

　お楽しみ会に向けて準備が進む様子を，ある子がこのように日記に書いてきました。自分もなんらかの形で会を創り上げる過程に参画できているからこそ共創の喜びを実感できるのでしょう。

Explanation / 非日常を生み出すあそび

解説 24 みんなで笑い合える時間をつくる

Point >>

馬鹿げて見えるお楽しみ会の風景の背景には，醸成してきた学級の温かさと子ども達の成長が感じられる。

馬鹿げた時間の背景にあるもの

お楽しみ会当日。いつもより軽いランドセルをもって子ども達が飛び跳ねるように登校してきます。わずかに残された授業を終え，待ちに待った時間がやってくると，今まで見たこともない早さで子ども達が準備を始めます。

まずは，総合司会グループの登場です。紙で作った少女アニメのお面をかぶり，みんなが楽しくなるおまじないをかけてくれるそうです。なんて「馬鹿げて」いるのでしょうか。こんなおふざけのために，あんなに入念に打ち合わせをしていたのかと思うと笑ってしまいます。あの子が人前でこんなにふざけられるとは，そしてそれをあの子がこんなに笑って受け止められるようになるとは。人前に立つ役を買って出る「積極性」や「挑戦心」，そして色々な係と話し合いながら会の計画を進める「人と自然に関わる力」。馬鹿げて見える文化の背景から1学期間の成長が窺えます。

切り取れない光景

おふざけを済ませた後は，真剣な開会宣言。ぎりぎりまで準備をしている子ども達も手を止め，全員で真剣に司会の話を聞きます。6年生にもなって「へびへびじゃんけん」の結果に一喜一憂し，「だるまさんがころんだ」では，なんとかして変なポーズで止まろうとしています。スキマ芸で歌う男子のために筆箱から蛍光ペンを取り出し，楽器の演奏には優しく手拍子。同じくスキマ芸だったはずの「ニセ授業」が盛り上がってしまったせいで，タイムキーパーは必死に時間の計算をし直しています。ふと教室を見渡すと，そこにいる全員が笑っているように感じます。美談にしたいわけではなく，**本当に「全員が笑っているかもしれない」と思える時間**が流れているのです。

なんとかこの瞬間を切り取りたいとカメラを取り出してはみたものの，やっぱりレンズ越しには映らないものがあります。馬鹿げて見える時間の背景にある温かさは伝わりづらいのです。この温かさを，少しでもお伝えできたら。そんな願いを込めて，本書を締めくくりたいと思います。

167

第7章 非日常を生み出すあそび

非日常を生み出すあそび

あそび 61

豆まきはできなくてもこれならできる
「節分ドッジ」

Point >>

豆まきがしたいという子どもの思いに応えて創った年中行事あそび。

当たってもOKという特殊ルールが助け合いを生む。

節分ドッジ　20～40分　ボール

❶

クラスを4つのチームに分ける。基本は4面ドッジのルールで行う。

❷

「鬼瓦」のように、鬼の中にはみんなを守る役割をしているものもあることを説明（必要性はない）

❸

柔らかめのボールがよい

鬼役の人は、当たってもアウトにならない。そのため仲間を守ることができる。

❹

当たっても外野に行かなくてよい

当たったら負け
誰が王様かは審判以外には秘密

王様をつくって、節分王様ドッジにしても面白い。また、節分の日以外はゾンビドッジとして楽しめる。

非日常を生み出すあそび

Recreation

あそび 62　相手がどんどん入れ替わる
「サイコロババ抜き」

Point »

勝負ごとに相手が入れ替わるので，ババ抜きをしながら色んな相手と話せる。いつもと違ったリラックスした空気感が子ども達に大人気。

サイコロババ抜き

15～30分　　トランプ・サイコロ

❶

各班にトランプを1組とサイコロを一つ配布する。基本的なルールは通常のババ抜きと同じ。

❷
 はずれ　　 右回して全員交換
 右どなりと交換　 左回して全員交換
 左どなりと交換　 はずれ

1ゲームにつき1人1回サイコロを振ることができる。出た目に合わせて手札全てを交換できる。

❸

タイミングは誰かがカードを引く前。また、残り二人の直接対決になると振ることができない。

❹
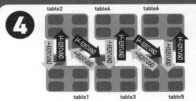

上位2名と下位2名はテーブルを移動する。格付けではなく、色々な相手と楽しめるようにと伝えておくとよい。

第7章　非日常を生み出すあそび

Recreation　非日常を生み出すあそび

あそび 63

それぞれに役割が生まれる
「学級縁日」

Point >>

面白いあそびが複数あり，決めきれずにできた学級縁日。縁日形式にすることでそれぞれに役割が生じ，みんなで創る雰囲気が高まった。

非日常を生み出すあそび

あそび 64
みんなで話し合ってルールを練り上げた「タグ陣」

Point >>

子ども達が卒業前にみんなで話し合って創り上げた自作のあそび。細かなところまで練られたルールは1年間の話し合いの集大成だった。

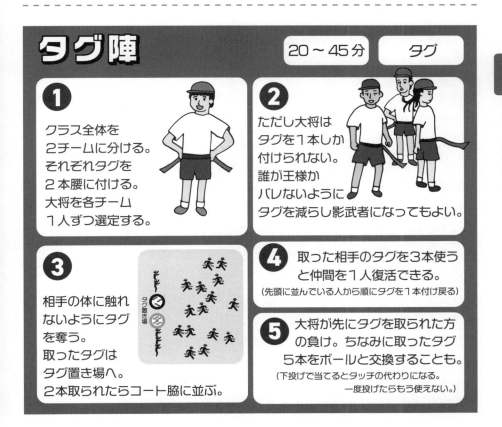

あとがき

　東京都，足立区梅田。母が育った下町情緒あふれるこの場所に私の「あそびの原風景」があります。一人っ子の私は，この梅田にある母の実家に行って親族のみんなと遊ぶ時間が大の楽しみでした。七並べ，双六，おはじき，卓球。朝から晩まで，叔父や叔母達が私と全力で遊んでくれるのです。といっても，当時の私は"遊んでくれている"なんて微塵も思わず"一緒に遊んでいる"と思っていました。母から言われた「遊んでもらったお礼を言いなさい」という一言に納得がいかず，ふてくされたことを昨日のように覚えています。

　そこでは，いつでもあそびが始まっていました。大きな木が一本あれば的当て合戦が，アイスクリーム屋のパンフレットが一枚あれば暗記勝負が幕を開けます。お金をかけて何かを買わなくても，スリッパや量りや電卓，すべてが遊び道具に変わってしまうのです。わざわざ名古屋から東京に来ている私に気を遣って叔父や叔母は「今日はどこへ行く？」と尋ねてくれるのですが，答えは決まって「家で遊ぶ！」でした。どんな遊園地よりも，ここでの時間が楽しかったのです。お金では買えない価値を子どもながらに感じていたのでしょう。

　一人で遊ぶことが多かった私にとって，一番楽しかったのはその場に「他者」がいたことでした。ジェスチャーゲームで誰かのポーズにお腹を抱えて笑ったり，テーブル卓球での大接戦に一喜一憂したり。そうやって誰かと気持ちのやりとりをする時間が楽しくて仕方が無かったのです。どれだけ一人で壁にボールをぶつけても，返ってくるのはボールだけ。コンピュータ相手に信じられない奇跡を起こしても，誰も一緒に笑ってくれません。だから私にとってあそびとは，「他者の温かさ」を感じられるものなのだと思います。

　本書の最後に書いたように，教室で子ども達と遊んでいると時々，この瞬間を切り取っておきたいと思うような温かな場面に居合わせることがありま

す。子ども達もそんな時間の温かさを肌で感じているのでしょう。「俺，今までの人生で一番笑った！」「学校から帰りたくない」と子どもらしい大げさな表現で，その喜びを伝えてくれることがあります。この温かさを何とか文章で表現したい，あそびの背景に流れる空気が伝わるようにしたい。そんな願いをこのあそび本にもつようになりました。

　しかし，そんな矢先に大きな問題が発生します。1歳半になったばかりの娘が急に早起きを始めたのです。朝型の私は「文章を書くなら絶対に朝が良い」と家族より少し早く起き，2階にある書斎に向かうのがルーティーンになっていました。しかし，私が書斎に入った物音を聞くと，娘がぱっと目を覚まし，下から私を呼ぶのです。きっと，この時間に起きれば父親と遊べるということが分かったのでしょう。

　これでは本が書き終わらない，と私は大いに焦りました。しかし，「あそぼう」という我が子を置き去りに書いたあそび本に何の魅力があるでしょうか。きっとどこか冷たい言葉が並んでしまうでしょう。何より，幼い私と全力で遊んでくれた叔父や叔母に合わせる顔がありません。そんな葛藤をしている間に，今度は長男が目をこすりながら起きてきます。その横では，愛犬がお腹を出して「触ってくれ」と寝転んでいます。

　結局，見兼ねた妻がさりげなく時間をくれたことで，大切なものを失うことなく，本書を最後まで書き上げることができました。また，大江さんはじめ明治図書の皆様にはいつも以上にたくさんのご尽力を頂くことになってしまいました。温かくサポートして頂き，ありがとうございました。

　最後に読者の皆様へ。本書で紹介させていただいたあそびが，どこかの教室の温かな時間に役立てていたら幸いです。最後までお付き合い頂き，誠にありがとうございました。

2024年12月

佐橋　慶彦

＊この本に掲載されているエピソードは，プライバシーに配慮し一部加工したものになっております。

引用・参考文献

第1章　学級開きで活用するあそび
- 野中郁次郎・山口一郎『直観の経営「共感」の哲学で読み解く動態経営論』KADOKAWA，2019
- すごろくや『大人が楽しい紙ペンゲーム30選』スモール出版，2012

第2章　きまりごとを浸透させるあそび
- 白松賢『学級経営の教科書』東洋館出版社，2017
- ヴィゴツキーほか著／神谷栄司訳『ごっこ遊びの世界―虚構場面の創造と乳幼児の発達』法政出版，1989

第3章　子どもとの関係を紡ぐあそび
- 野中信行・横藤雅人『必ずクラスがまとまる教師の成功術！―学級を安定させる縦糸・横糸の関係づくり』学陽書房，2011
- 石井光太『ルポ　スマホ育児が子どもを壊す』新潮社，2024
- いぬいとみこ『川とノリオ』理論社，1982

第4章　子ども同士の関わりを広げるあそび
- 佐伯胖編『共感―育ち合う保育のなかで』ミネルヴァ書房，2007
- 佐伯胖編著『「子どもがケアする世界」をケアする―保育における「二人称的アプローチ」入門』ミネルヴァ書房，2017
- 北山修編『共視論　母子像の心理学』講談社，2005
- 近藤卓『自尊感情と共有体験の心理学―理論・測定・実践』金子書房，2010

第5章　夢中を引き出すあそび
- ピーター・グレイ著／吉田新一郎訳『遊びが学びに欠かせないわけ　自立した学

び手を育てる』築地書館，2018

第6章　子ども達が創り出すあそび

・河村茂雄『日本の学級集団と学級経営—集団の教育力を生かす学校システムの原理と展望』図書文化社，2010
・河村茂雄編著『グループ体験によるタイプ別！学級育成プログラム　ソーシャルスキルとエンカウンターの統合　小学校編』図書文化社，2001
・赤坂真二『スペシャリスト直伝！学級を最高のチームにする極意』明治図書出版，2013

第7章　非日常を生み出すあそび

・金森俊朗『希望の教室　金森学級からのメッセージ』KADOKAWA，2005
・D・カーネギー著／山口博訳『人を動かす　改訂文庫版』創元社，2023
・文部科学省「教育振興基本計画」令和5年6月16日閣議決定

【著者紹介】

佐橋　慶彦（さはし　よしひこ）

1989年，愛知県名古屋市生まれ。名古屋市立公立小学校に勤務し，現在，教職13年目。学級経営や子どもの目線に立ったアプローチの研究と実践に取り組んでいる。

『第57回実践！わたしの教育記録』特別賞，第19回学事出版教育文化賞受賞。

日本学級経営学会会員。教育実践研究サークル「群青」代表。

［主な著書］

『全図解　子どもの心を動かす学級経営アプローチ』（2022）

『「バラバラ」な教室に「つながり」を創り出す　学級経営戦略図鑑』（2024）いずれも明治図書出版

〔本文イラスト〕佐橋慶彦

温かい教室に笑い声が広がる
学級経営あそび図鑑

2025年2月初版第1刷刊　©著　者	佐　橋　慶　彦
2025年6月初版第4刷刊　　発行者	藤　原　光　政
発行所	明治図書出版株式会社

http://www.meijitosho.co.jp

（企画）大江文武（校正）奥野仁美

〒114-0023　東京都北区滝野川7-46-1
振替00160-5-151318　電話03（5907）6701
ご注文窓口　電話03（5907）6668

＊検印省略　　　　　　組版所　藤　原　印　刷　株　式　会　社

本書の無断コピーは，著作権・出版権にふれます。ご注意ください。

Printed in Japan　　　　　ISBN978-4-18-505713-4

もれなくクーポンがもらえる！読者アンケートはこちらから